国家出版基金项目
NATIONAL PUBLICATION FOUNDATION

晚周諸子經濟思想史

熊夢◎著

山西人民出版社
山西出版傳媒集團

圖書在版編目(CIP)數據

晚周諸子經濟思想史／熊㝱著．—太原：山西人民出版社，2014.12
（近代名家散佚學術著作叢刊／許嘉璐主編）
ISBN 978-7-203-08870-7
Ⅰ．①晚… Ⅱ．①熊… Ⅲ．①經濟思想史—中國—周代 Ⅳ．①F092.24

中國版本圖書館CIP數據核字(2014)第290002號

晚周諸子經濟思想史

主　　編　許嘉璐
著　　者　熊　㝱
責任編輯　梁晉華
助理編輯　張　潔
出 版 者　山西出版傳媒集團·山西人民出版社
地　　址　太原市建設南路21號
郵　　編　030012
發行營銷　0351-4922220　4955996　4956039
　　　　　0351-4922127(傳真)　4956038(郵購)
E-mail　sxskcb@163.com　發行部
　　　　　sxskcb@126.com　總編室
網　　址　www.sxskcb.com
經 銷 者　山西出版傳媒集團·山西人民出版社
承 印 廠　山西出版傳媒集團·山西人民印刷有限責任公司
開　　本　700mm×970mm　1/16
印　　張　12.5
字　　數　101千字
印　　數　1—3000冊
版　　次　2014年12月　第1版
印　　次　2014年12月　第1次印刷
書　　號　ISBN 978-7-203-08870-7
定　　價　31.00圓

《近代名家散佚學術著作叢刊》編委會

出版説明

近代名家散佚學術著作叢刊選取一九四九年以後未再刊行之近代名家學術著作共一百二十册，編例如次：

一、本叢書遴選之著作在相關學術領域具有一定的代表性，在學術研究方向、方法上獨具特色。

二、爲避免重新排印時出錯，本叢書原本原貌影印出版。影印之底本皆經專家組審定，原書字體大小，排版格式均未做大的改變，原書之序言、附注皆予保留。

三、本叢書分爲八大類，以作者生卒年編次。

四、爲使叢書體例一致，本叢書前言後記均采用繁體字排版。

五、個别頁碼較少的版本，爲方便裝幀和閲讀，進行了合訂。

六、少數學術著作原書内容有個别破損之處，編者以不改變版本内容爲前提，部分進行修補，難以修復之處保留缺損原狀。

七、原版書中個别錯訛之處，皆照原樣影印，未做修改。

八、所選版本之抽印本頁碼標注，起始至所終頁碼均照原樣影印，未重新編排標注新頁碼。

由於叢書規模較大，不足之處，殷切期待方家指正。

總序／

披沙瀝金，以爲鏡鑒

◇許嘉璐

多年來有一個問題始終在我腦中盤桓：爲什麽在十九世紀末到二十世紀初，在短短的幾十年裏，中國的各個學術領域竟涌現了那麽多大師級的人物？這是中國近代史上一個極爲重要的現象，我認爲，如果不能給出令人滿意的答案，我們撰寫的近代學術史將是不完整的，甚至是缺乏靈魂的。後來我知道，著名人類學家克羅伯曾提出過一個問題：爲什麽天才成群地來？看來這種現象的出現並非中國所獨有，思考其所以然的也大有人在。而在那一次世紀之交中國的情况，似乎應驗了「天才成群地來」這個令克氏久久不解的疑問。錢學森先生曾從相反的方向提出了相同的疑問：爲什麽我們這個時代出現不了杰出人才？後來人們稱這個問題爲「錢學森之謎」。

要回答這些疑問不是件容易的事。與其迅速地囫圇地探尋，不如先多了解那些讓中國近代學術（應該包括人文科學和自然科學）史上閃耀着光輝的大師們的作品和自述，從而在腦海里盡量「復原」他們所處的環境和在那種環境下的心理路徑，從中或許可以得到一些啓示。

有一點是顯然的，這就是他們雖然都已遠離塵世而去，但是他們獨立思考的品性、求知治學的真誠、困厄窮愁中對節操的堅守，恐怕是他們共同的主觀因素，一直影響到現在，而且將會永遠留存下去。

就思想界、學術界而言，二十世紀上半葉是一個新説和舊説碰撞，中學和西學融匯的大時代。那時的學人極爲重視言行操守，同時具備現代知識分子的理想信念；他們的學術研究十分純净，絶少功利因素；他們的視界開闊，以包容的心態和嚴謹的風格造就了成果的大氣與厚重。至於在客觀因素一面，他們實際是在用工業化時代的事實解說着太史公所說的名山之作「大抵聖賢發憤之所爲作」，困厄苦難使得他們「皆意有所鬱結」。這種鬱結，幾乎和個人的名利毫無牽涉，他們永遠不能釋懷的，是民族的存亡、國運的興衰、民衆的福禍和文脈的續斷。

那個時代也是近代歷史上最大規模的中西古今學術調適、創新的時期，學術方法上的交互滲透和融合、創新亦可謂「於斯爲盛」。斯時之學人是要在封閉的屋墻上鑿出窗子的勇士，是使人能夠看看外部世界的第一批導夫先路者；或者可以說，他們是在「意有所鬱結」時「彷徨」和「吶喊」的「狂人」。

相對於那時的哲人們，後來者是幸運兒。現在的形勢是，近三十年來學界空前繁榮，衆多學科有了長足之進，其中很重要的一點是學界有了更新穎、更廣闊的國際視野，似乎接續上了百年前的學壇盛事。但細想想，「古」與「今」還是有差別的。其异，主要不在於世界情勢、學術進展、工具改善這些客觀存在，而在於在廣泛吸收各國優長的同時，自身文化的主體性越來越受到重視，換言之，「拿來主義」已經延長了「拿來」的程序，加上了試用、甄別、篩選、吸收、融合、成長。就我孤陋所見，在當今地球上，面向所有異質文明，努力汲取我之所缺，其範圍之大和心態之切，似乎無出中國之右者。從這個角度說，我們已經超越了前輩。但是事情還有另外一面，學術，特別是人文學科，其職業化、「沙龍化」和功利性，以及隨之而來的浮躁病却嚴重了。從這個角度說，是不是我們已經後退得够可以的了？而這是不是我們這個時代出不了大師的原因之一呢？

民國學術界的特點之一是極爲注重對傳統的反省、批判與繼承。他們對傳統文化盡最大的努力進行整理和研究。一方面，由於戰亂頻仍，民不聊生，學者們擔起了讓中華文化薪火相傳的歷史責任；另一方面，他們要通過對中國傳統文化的整理，挖掘來重振民族自信心。這一時期對傳統文化進行整理的全面而深入是前所未有的，舉凡文字學、語言學、經濟學、法學、哲學、政治制度、書法繪畫、金石學……規模之宏大，研究之精微，令人嘆爲觀止。

民國學術推動了現代學科體系的建立。在對傳統文化整理和研究的基礎上，吸收西方的文化思想和理念，推動和建立了中國現代學科體系。例如，在對語言文字和音韵學成果進行整理、研究的基礎上開始着手規範之，建立了國語學；深入研究書法、國畫，將其融入了現代美術學科；在廢除舊有學制後逐步建立起小、中、大學較完整的科目和學科體系。

民國學術也改變了傳統學術方式，建立了新的研究範式。以現代科學考古爲發端，科研的實踐和成果使中國知識界真正認識到在實驗、比較基礎上的邏輯分析對學術研究的重要，推進了中國學術的一大演變。至於我們常説的打破士大夫傳統、走出書齋到田野鄉村和市民中進行調查研究、結束了經學時代、以歷史眼光檢視儒學和諸子等等，都是確立新學術範式的努力。這一轉變，也標誌着中國學術界脱胎换骨，全面進入了現代，爲此後的學術發展奠定了堅實的基礎。當然，西方啓蒙運動以來，在「現代性」和「現代化」裏潜伏着的缺陷和謬誤也傳到了中國，這些不能不在前哲的著作裏留下痕迹。這並不奇怪。類似的情况，古往今來孰能免之？猶如今天的我們，誰敢自稱我之所見就是永恒的真理？在這個問題上兩個時代所異者，或許就在昔時大家創立新説或譯註西學著作，往往是懷着對學術和前哲的敬畏而爲之，故而常常誤不在我；當今則往往出於對學問和他人的輕蔑，或以所研究的對象爲謀己的工具，因而難辭主觀之咎吧。翻閲他們的心血之作，這些復雜的狀況可以顯見，可以視之爲我們的一面鏡子。

滄海桑田，世事變幻，歷史的動盪和時代的遮蔽，使當年許多大師的一些極有價值的學術著作被棄於故紙堆中，不能不令人有遺珠之憾。爲此，山西人民出版社不惜以數年之艱辛，披沙瀝金，編輯出版這套近代名家散佚學術著作叢刊，凡一百二十册，計文學、史學、政治與法律、美學與文藝理論、民族風俗、宗教與哲學、經濟、語言文獻共八大類別。所選皆爲作者之純學術著作，無論是其見解、精神，抑或是其時代烙印，都是後輩學人可資借鑒的寶貴財富。他們出版這套叢書，意在讓世人不忘來程，知篳路藍縷之不易，爲民族文化的傳承再增薪木。

出版社的初衷，與我近年來所思所慮近似，故願略述淺見於書端，以與策劃者、編輯者和讀者共勉。

二〇一四年七月六日

改定於自安東回京途中

前言

◇王紹培

近代名家散佚學術著作叢刊是一項重大的學術工程，我接到寫這個序言的指令，誠惶誠恐多日，端的是藐予小子，何敢贊一言。

但我亦深知這是一個重温先賢大哲杰出思想成就的寶貴機會。果然，十余部宗教哲學類著述電子版到手，翻閱起來，雖然難免諸多不便，但静心瀏覽，不能不生感慨良多。這批著作全部都在民國期間出版。最早的一本是梁漱溟的究元决疑論，是商務印書館一九二三年出版的。其餘的大部分都出版在二十世紀三十年代的抗戰爆發之前。想想看，彼何時也，政局動盪不已，軍閥混戰不休，而民不聊生，但學術活動仍然頑强掙扎，開展得如火如荼，且學術質量之高，令人驚訝。

所謂學術質量之高亦不是我輩來信口雌黄。事實上，對於這些前輩學人及其成就，學界早有定評。例如，梁啓超（一八七三年—一九二九年）被公認是清朝最優秀的學者，是一位百科全書式的人物。最難以想象的是在他五十六年的短暫生命中，既積極投身從事大量的政治活動和社會活動，又能在哲學、文學、史學、經學、法學、倫理學、宗教學等領域均有建樹，這是怎麽做到的？曾經看見一則逸聞，説梁啓超每天必打八圈麻將，寫八千字文章，他不少文章是邊打麻將邊口授的，簡直神乎其技了，但不知道真假。本叢書收録的梁啓超的中國學術思想變遷史（商務印書館一九二六年出版）被學人贊許之爲「中國學術史上的垂範之作」。梁啓超在經過革命失敗的過程之後，痛定思痛，得出的教訓是要高度重視學術思想，他說：「學術思想之在一國，猶人之有精神也，而政事，法律，風俗，及歷史上種種之現象，則其形質也。」梁啓超認爲，有新學術思想，就會有新國民，有新國民，就會有新國家新世界。從梁啓超的論述可知，他對哥白尼、培根、笛卡爾、孟德斯鳩、盧梭、富蘭克林、瓦特、亞當·斯密、達爾文等等思想家瞭如指掌。他極爲看重思想言論自由，他認爲「春秋末及戰國」爲中國學術思想的「全盛時代」，而追溯所以致盛的原因，「思想言論之自由」爲其中一個重要的方面。其餘諸多因素，除了「由於蘊蓄之宏富也」與歷史積累有關，其他「社會之變遷也」、「交通之頻繁也」、「人材之見重也」、「文字之趨簡也」、「講學之風盛也」，也都跟社會自由有很大的關聯。現在的年輕人有時或者會覺得清末民初的人物都是老古董，但看看梁啓超就知道，他的思想之新銳先鋒不在現在很多人之下。正因爲梁啓超把學術思想看得如此之重，因此，該書欲總結中國固有學術思想之得失，以西方文化參補之，從而恢復上古與中古時代「我中華第一也」的學術「最高尚最榮譽之位置，而更執牛耳於全世界之學術思想界」。百年之後，看見這樣的雄心壯志，真是讓人唏噓不已。

再如錢基博先生。現在的讀者如果知道錢基博大概多是因爲錢鍾書的緣故，但錢基博先生本身就是碩學鴻儒，父子同爲大師，此等情形較爲罕見。四書解題及其讀法（商務印書館一九三一年出版）亦是錢基博的代表作之一。四書是儒家傳道授業的基本教材，亦是儒學的重要原典。錢基博說他在四十歲時遇見梁啓超，梁啓超送他一本要籍解題及其讀法，他有不同看法，於是成就四書解題及其讀法一書。錢基博的四書解題，回到朱熹的「大語孟中」的次序，所謂「不先乎大學，則無以提綱挈領，而盡語孟之精微；不參之論孟，則無以融會貫通，而極中庸之指趣」。或則，「先讀大學，以立其規模，次及語孟，以盡其蘊奧，而後會其歸於中庸；蓋以爲學之程序，而第其書之先後也」。衆所周知的是，錢基博不是那種關門閉户死讀書的腐儒，而是心憂天下的君子。就在該書的序言裏，他亦不忘表露初衷：「今四十歲，飽更世患，民治革政，共而不和，争民施奪之既久，寖尋以至今日，又見有專無制，哀哉耗已！末法披昌，人將相食！窮則反本，緟温故書，然後知聖人憂世之情深，仁民之道大也！繕寫既定，而爲考鏡原流，發明指意，於文章典籍之中，得其辨名正物之意，庶幾尼山正名之意云爾！」在錢基博這樣的學人眼裏，做學問跟憂世仁民大有關聯。

這些學者當中，無疑以梁漱溟（一八九三年—一九八八年）的世俗名氣爲最大，在現當代中國歷史上，梁漱溟是一位罕見的絶不阿世媚俗的有風骨的文人。梁漱溟自謂：「我自十四歲進入中學之後，便有一股向上之心驅使我在兩個問題上追求不已：一是人生問題，即人活着爲了什麽，二是社會問題亦即中國問題，中國向何處去……總論我一生八十餘年（指十四歲以後）的主要精力心機，無非都用在這兩個問題上。」梁漱溟曾經兩度自殺，可見其苦悶至深。一九一六年，二十三歲的梁漱溟即寫成究元決疑論，在東方雜誌連載，引起轟動。正因爲是書，二十四歲的梁漱溟被蔡元培校長延聘，進入北大教授印度哲學。關於究元決疑論之緣起，梁漱溟説：「於爾所時，舊執既失，勝義未獲；憂惶煩惱，不得自拔。或生邪思邪見；或縱浪淫樂；或成狂易；或取自經。如此者非財寶事物之所得解，唯法得解……所謂佛學如實論與佛學方便論之二部，前者將以究宣元真，今命之曰『究元第一』；後者將以決行止之疑，今命曰『決疑第二』。世之所急，常在決疑，又智力劣故，不任究元，以是避諱玄談，得少爲足。且不論其所得爲似爲非。究理而先自畫，如何得契宇宙之真？不異於立説之前，自暴其不足爲據。欲得決疑，要先究元。」所謂「究元」，亦即「佛學如實論」，探討宇宙本體問題，揭示佛法的核心教義乃爲「無性」，「無性」亦即「無自性」，世間萬事萬物皆是因緣和合，並無自體自性，如斯則從根本意義上省悟宇宙人生之真相。所謂「決疑」，亦即「佛學方便論」，討論現象界的問題，以究元所得的佛法宇宙人生真諦來認識和指導現實的社會人生。「究元」是佛教立場的本體論，「決疑」是建基於佛教之上的人生觀。欲得決疑必先究元：先解決本體問題，則人生問題就好順勢而爲。值得一説的是，五四時期，中國學術界跟國際社會基本接軌，信息傳遞大體同步。例如，古斯塔夫·勒龐（彼時譯爲魯滂）的各種學説都被悉數譯介，如新物質論甫一翻譯，即被梁漱溟消化，以茲與佛家性空學説參觀對照，按照勒龐的説法，以太是宇宙的本體，以太的「渦動」即爲物質，「渦動」停止物質消滅的過程中派生各種「力」，「力」是同一物的不同形式。梁漱溟認爲以太跟佛家的如來藏或阿賴耶相類似，「渦動」相當於忽然念起，「此渦動便是無明」。除此之外，梁漱溟對各種西方哲學瞭如指掌，例如，他以康德的現象與「物如」（物自體）之分，休謨的不可知論，來印證佛家元哲學之三義：「不可思議義，自然(Nature)軌則不可得義，德行(Moral)軌則不可得義。」復以叔本華的盲目衝動和意欲之説，柏格森的生命哲學來論證「人生基本是苦」的結論，唯有以佛法爲精神支柱，方能安穩自我，清静自守。

相對來説，馮承鈞先生（一八八七年—一九四六年）鮮爲人知。馮承鈞早年留學比利時，後赴法國巴黎大學，主修法律。一九一一年獲索邦大學法學士學位。續入法蘭西學院師從漢學家伯希和。馮承鈞歸國後，曾任北京大學歷史系教授、北京師範大學歷史系教授。馮通曉法文、英文、比利時文、梵文、蒙古文、阿拉伯文、波斯文，兼及古回鶻語、吐火羅語和蒙語八思巴字，並精通中國史籍，在歷史學、歷史地理學、歷史語言學和考古學等方面都有較深的造詣，在史地研究考證方面卓然成家。馮承鈞畢生研究中外交通史和邊疆史，著譯既多且精，是民國時代重要的中外交通史家。馮承鈞從金石書畫以及方誌内裒集了元代的白話聖旨碑，成爲一書，此即元代白話碑，概述元朝白話碑文的歷史背景，並對於元代白話語法加以研究討論。關於歷代求法翻經録，馮承鈞在其叙言中説：「求法傳經二事之重要，已爲西方學者所共知……第此種史料，多散見於釋藏傳記譜錄之中。初學不易尋檢。余不敏特爲鳩集舊文，參以新證，凡關於求法翻經之事，皆撮錄其要……彙爲一編，名曰求法翻經錄。」由此可知，該書是一本資料薈萃之編。

另有兩位不大爲後人所知的學者。一位是江恒源（一八八五年—一九六一年）。江恒源是一位教育家，他的中國先哲人性論是作者一九二四年用八十天的時間寫成的專著，將先秦到明清之際的諸多先哲跟人性有關的觀點、思想娓娓道來。作者認爲，總體來説，中國哲學的起源，和歐洲有點不同。歐洲哲學以「求知」爲出發點，中國哲學以「利行」爲出發點。歐洲人説「哲學起於驚異」，而中國哲學一切以現實認識爲根據……這幾句話要言不煩，道破中西哲學之差異。另一位是熊㝱（一九〇二年—一九八三年）。一九三一年，熊㝱留學美國華盛頓州立大學，獲經濟學博士學位，回國後任國民黨中央政治會議經濟組專門委員。一九三九年出任沅陵税務局局長。一九四〇年冬掛冠歸里，應聘爲三民中學教務主任。熊㝱一生著述頗豐，著有墨子經濟思想史、晚周諸子經濟思想史、江西省財政概況、湖南省財政概況等。其中，晚周諸子經濟思想史算得上是中國經濟史的奠基之作之一。該書綜述道儒法墨四家的經濟思想，同時對百家思想多有論略。

另外三位先生，湯用彤（一八九三年—一九六四年）、朱謙之（一八九九年—一九七二年）、蔡尚思（一九〇五年—二〇〇八年），知名度不大不小，但其實都是極具分量的重要學者。一般認爲，湯用彤是現代中國學術史上少數幾位能會通中西、接通華梵、熔鑄古今的國學大師之一。他的竺道生與涅槃學是其重要的學術著作之一。竺道生是東晉時期的著名高僧，是鳩摩羅什的弟子。竺道生認爲那些斷了善根的人也可以成佛，他又主張頓悟成佛，這些都不是主流的觀點。竺道生是東晉最著名的涅槃學者，他把作爲精緻哲學形態的般若學和粗俗的成佛説教結合起來，着重闡發涅槃佛性説，認爲「真空妙有」契合無間，開創佛教一代新風，因此被尊爲「涅槃聖」。朱謙之是二十世紀著名歷史學家、哲學家和東方學家，亦有「百科全書式學者」的美譽。他年輕時曾經短暫出家爲僧，後來發現，佛教不能實現自己的夙願，因此跟佛門斷絶關係。他主張宇宙人生是一股真情之流。他的中國思想對於歐洲文化之影響（一九四〇年出版）一書的寫作，歷時五年，他自認爲是「最細心結撰的一部著作」。朱先生認爲，東西文化各有其自身的歷史特徵，但是，這並不妨礙它們同時通過各種途徑接受、吸納對方的影響。在十七至十八世紀，中國哲學文化給予歐洲思想界的影響歷歷可數。在十六至十七世紀則以來華的耶穌會士爲媒介，中國哲學文化特别是孔子哲學被廣泛譯介到歐洲大陸，成爲歐洲理性時代來臨的外來思想條件。東西文化的相互影響、接觸，給世界文明帶來了强大的推動力。朱謙之先生的這部重要的著作，對於研究中西方文化史的後來學者，仍然是一座繞不過去的學術高峰。蔡尚思先生是哲學家，亦是中國思想史專家。他出版中國三大思想之比觀一書時是二十八歲，寫成則是二十四歲，而在此前的二十一歲時，他就寫成了研究孔子哲學、老子哲學和墨子哲學的專著。所謂中國三大思想，指的是老孔墨三家。蔡尚思先生將三家思想的方方面面比較對照，細緻而又周全。例如，他認爲老子是藝術的，墨子是功利的，孔子則介乎兩者之間；老子以死天爲主，活人法死天，無爲自然；孔子以天鬼爲名，以君王爲實，視天子嚴君如天帝鬼神；墨子以活天爲主，視死天如活人，兼愛交利……這些比較十分具體，發人深省，後之學者反而不做如此細緻的功夫了。

即使是非常粗略地瀏覽民國學人的著述，也不難發現一點，這些學者何以在年紀輕輕時就已經開始著書立説，而且水準頗高？我們站在新中國的立場回望，覺得彼時天地之舊，但如果他們站在辛亥革命之後前瞻，或許看見的全是風物之新。因此，當時的人或者滿是志氣，要在新天地有所作爲。及至戰亂迭起，他們更是堅定了文化返本開新的決心。從教育的角度來説，當時的精英教育使能够接受教育的人都是英才，而這些教育英才的人和英才自己也都非常珍惜機會，所以成才率顯然比今天高。中外學術思想交流的順利和及時，也是民國學術思想繁榮的一個原因。我們看梁漱溟等人的書，不難發現他們對國外各種思想潮流都瞭如指掌，各家各派的學説都被拿來爲我所用。當然，學術思想的相當自由也保證了這些學者在著書立説時，較少外部顧慮，一心把書寫成、把文章做好就對了。這些其實遠遠不算完美的局面，仍然因爲日本人的侵略而被打斷，内戰的影響也顯而易見。及至新中國建立，學術範式、語言、議題、旨趣等等完全轉型，一個時代就這樣結束了。

因此，今天我們重温民國學人的思想，除了瞻仰他們曾經到達的思想高度之外，也是順便看看，學術思想在一種相對自然而正常的情況下，可以呈現出一種怎樣的風貌，結出怎樣的碩果，而於我們中國人會有怎樣的信心跟鼓勵。值得慶幸的是，二十世紀八十年代開始，我們又回到了一個總體來説學人可以有所作爲的環境中，至於新世紀的學人可以取得怎樣的成就，在很大程度要看個人自己的努力和争取了。

作者簡介

熊夢（一九〇二年—一九八三年），字今生。北京朝陽大學經濟系畢業，後轉入北大國學研究所。一九二九年任國民黨中央黨部訓練部高幹，負責編審全國大專院校有關社會科學教科書。一九三一年，留學美國華盛頓州立大學，獲經濟學博士學位，回國後任國民黨中央政治會議經濟組專門委員。他一生著述頗豐，有墨子經濟思想史、晚周諸子經濟思想史、江西省財政概況、湖南省財政概況等。

序

乙丑之夏。余竟業成均。曾提中國經濟思想史一編。計六十餘萬言。其時赤眉遍地。忞戮異己。懼罹文禍。悶而未宣。后學稍進。任飽蟲鼠。余兄崑山憫其曾費辛勤。敝帚足珍。勸付坊間。流傳通邑。意至懇篤。情艱厲卻。惟時遘喪亂。角涯流離。命雖瓦全。稾多放失。整齊全部。尚須時日。玆先災梨。餘期代瓜。戊辰孟冬邵陽熊㝱自識於新都。

目錄

晚周諸子經濟思想史

第一章　導言

經濟之定名　經濟之名詞。在英語爲 economy。其義原訓節儉。夫欲節儉。自不得不有度量分界。以修齊身家。俾條理井然。故且涵有事物之秩序之意。今試尋繹 economy 之語源。實出於希臘語之 oikos 與 nomos 之二語。oikos 乃家字之意。nomos 乃法字計字之意。合而爲家法家計之義。後冠以 political 之名稱。由小而大。推用於團體及國家幷社會各方面矣。至經濟二字。其在中土之古義。考易之屯卦有云。君子以經綸。繫辭有知周乎萬物而道濟天下之句。周禮天官云。太宰以經邦國。註云經治也。又左傳昭公二十五年。爲夫婦外內以經二物。註謂夫治外。婦治內。各治其物。詩大雅云。經之營之。要之經字用於動詞。其意爲治。用於名詞。其意爲治道之常則。而一致整理秩序等意。亦自包之濟與齊通與整諧調和等同意。故經濟二字連用。與 economy 之原旨不違。惟後來多以此爲治國平天下之意。如史稱王安石「以道德經濟爲己任。」（宋史王安石傳）李覯謂「經濟之士必先富其國。」（直講李先生集）及清廷制舉之經濟特科。（清末自戊戌政變後。改科舉之論盈天下。均謂所習非所用。不足以盡天下人材。乃仿康乾時博學鴻詞之例。由內外大臣保薦通曉時務者。試以策論。謂之經濟特科。）涵義實與近時之社會科學同周。（周義出墨經。）用以詁 economy 不免過泛。於是有擬名曰計學或生計學者。考說文。計會也。算也。從言從十。徐曰十者物成數會意。左傳士彌牟營成周計丈數。禮內則十年出就外傅居宿於外學書計。註書謂六書計謂九數。則計學卽 mathematics 以計學詁 economy 謬誤之至。至譯 economy 爲生計。係源白樂天約俸爲生計之詩。乃民生國計之節略。書在陳惟民生厚。左傳云。民生在勤。荀子云。明主使天下必有餘。而上不憂不足。如是上下俱足。交無所藏之。是知國計之極也。荀子之國計。義涵民生。則生計似重。寧譯 economy 爲國計。然近儒研此。早越邦域。而以世界爲的。故國計二字。顯示範限。亦未爲得。夫約定成俗。標異滋誤。則經濟一詞。旣非羌無意義。權仍舊貫。烏可厚非。

經濟思想史與經濟學史及經濟史之關係　一科學之名而含有「經濟」與「史」兩辭者有三

焉。經濟史又嘗稱爲產業史居其一。餘則爲經濟學史與經濟思想史。就工商各業以及其他經濟現象而述人類生活之歷程者。是謂經濟史。就人類思想而述其於經濟事實與經濟勢力之變遷者。是謂經濟學史及經濟思想史。

經濟學史與經濟思想史之混淆已久。故其名學上之區辨。每爲學者所忽視。夫學史重在論有系統之分類知識。思想史乃以各時內經濟觀念之分析結合及組織爲限。否則巴比侖人已有利息與典質之觀念。腓尼西亞人已有商業與匯票之思想。希臘人已有分功之論著。述歐西經濟學史者。果始諸上古期乎。必不然也。然述經濟思想史者。則不能不始諸上古期矣。原始經濟思想。雖無系統。已具觀念。窮其根源。究其發達。乃事經濟思想史者所不可忽也。

人類思想。每隨其境遇爲轉移。故某時經濟思想之發生。必其時經濟狀態造成社會環境有以致之。然則研究經濟思想。勢不能不明各時代之經濟事實與其變遷之跡。昭昭然矣。反之一時代之思想學說。往往足以左右社會之傾向。而經濟制度若政策。爲之改易者不少。故研究經濟史者。時亦須注意經濟思想史之探討。綜之思想爲時代之產物。而一時代之經濟事實。又時爲思想所左右也。外此尙有不能已於言者。環境與思想雖互爲因果。而雙方所被之影響及程度。則未必同。譬之某種經濟思想之初創也與其時之經濟狀態。雖可一致。第特爲矯正時弊。而持相反之論者亦有之。此宜熟察各面。不容稍忽。

經濟思想史之種類及本書之分卷　經濟思想史有限於一國一地而加以研究。以明其國其地經濟思想變遷之沿革者。有限於數國之經濟狀態。加以比察。以闡究一般經濟思想變遷之沿革者。譬之中國經濟思想史則屬前。歐洲經濟思想史則屬後。故經濟思想史可析爲「特殊經濟思想史」及「比較經濟思想史」二種。又此匪特辨地。亦且辨時。如「秦漢經濟思想史」「唐宋經濟思想史」「十九世紀世界經濟思想史」「近世歐美經濟思想史」等等。皆有時全之誼。而特史尤爲全史之基礎。良以歷史者。雖各爲一體。互具特徵。固不待論。惟世界文明之進步。人類發達之途徑。皆同趨一軌。故國與國之歷史。隨其文明發達之遲速。雖千差萬殊。然甲所經者。或足供乙之參鑑。而乙所歷者。又常爲丙之先例。丙之陳跡。更時爲丁所追隨。畢竟俱爲此進步發達之原則所支配耳。日儒小林丑氏撰西洋經濟思想史。區其變遷沿革。首古代道德說。次中世宗教說。次近世崇金說。次自由產業說。次保護產業說。最後殿以社會主義說。揆之中土蛻變之跡。頗不如是楚楚。德儒 Roscher謂「斯密亞丹者生於經濟學史之中心者也。斯密以前諸家皆爲斯密學說之準備者耳。斯密以後諸家皆爲斯密學說之修補者耳。」愚則常以晚周諸子爲中土經濟思想之重鎭。前此之鱗爪。不過爲諸子之驅除。後此之飾繹。不過爲諸子之追隨。故本書雖名中國經濟思想史。實則敍述晚周思想約居其半。此雖似乎不均。然實史實使然。因分本書爲二卷。上起神農訖韓非。下起賈誼訖不佞。

中國經濟思想史之資料及其搜集之困難　吾儕欲究中國經濟思想史。其資料當求諸何處耶。以吾所見。區爲二類。其一、學者之著述及言論。此爲個人創造力之完全表現。例如管子老子孔子墨子莊子孟子商君荀卿韓非賈誼董仲舒桓寬司馬遷杜佑李覯葉適呂祖謙邱濬顧炎武黃宗羲洪亮吉等。皆有著作傳後。楊朱許行宋銒陳仲等皆有言論見於列孟荀韓諸書。吾儕將二者爬梳整理。可以察其思想之脈絡或一斑焉。其二、政治活動之遺跡。經濟思想與哲學思想不同。哲學思想爲學者所獨有。其發表之形式專恃著述。經濟思想什九與實際行政相接觸。一有機會。則不惟坐而言。直將起而行。故凡有主張有設施之政家。例如周公管仲商鞅鼂錯桑弘羊王莽劉晏陸贄王安石張居正之流。無論其人爲賢爲不肖。其事業爲成爲敗。要之其關於政治上之設施皆其思想之現於實際者也。故此等人之傳記。實斯學主要資料之一種。此外歷代詔令奏議以及省府縣志等。亦可博觀約取。藉資佐證。而二十四史九通圖書集成之食貨諸門。尤爲此類史料之總彙。至於一絲一縷。散在羣籍者。實難枚數。且非費極大之勞力。不能搜集完備。非有極銳敏的觀察力時復交臂失之也。

古書文字深奧。簡册脫譌。治之甚難。語其大略。共其數端。(一)古書多亡。韓愈曰。「孔子沒。羣弟子莫不有書。」(送王塤序。)漢志著錄孔門弟子書。尙有數家。今皆不存。儒家如此。他家可知。(二)古書多僞。如今存之鬻子文子關尹子尉繚子等書。皆後人僞造。卽列子商君等書中。由後人加入者亦多。(三)古書多殘闕。如墨子原有七十一篇。莊子原有五十二篇。(漢書藝文志。)今墨子僅存五十三篇。莊子僅存三十三篇。其他類此者正多。(四)古書多雜合。柳宗元謂「文子書其混而類者少。取他書以合之者多。」(辨文子。)余謂諸子書中。皆有此病。如管子書內有道家之說。晏子書內有墨家之論。(五)古書存者多難讀。如管子大匡篇「兄與齊國之政。」舊註不知兄卽況字。遂謂召忽呼管仲爲兄。此借字之誤人。莊子讓王篇「不能自勝則從神無惡乎。」舊註不知從下脫一之字。(有呂覽淮南可證。)遂誤以神字絕句。此脫字之誤人。宋本老子「天大地大人亦大。」並有許氏說文爲證。「今通行本皆誤作天大地大王亦大。」此謂字之誤人。清儒校釋子書已爲不少。然其字句之難通文義之難解者尚多。故欲詳其師承之關係時代之狀況作一極有系統之經濟思想史其事甚難。

鑒理史料之方法　韓非曰。「無參驗而必之者愚也。弗能必而據之者誣也。」顯學篇。故研究古學辨別僞書其事至要。辨別之道要當覈本書中之事跡文字文體思想有無乖異幷與別書之相應者錯綜定之。庶能得其近眞。然亦不可概論。章學誠曰「古人著書之外。別有微言緒論。口授其徒。學者推衍變化。著於文詞。而人之觀之者。亦以其人而定爲其家之學。不復辨其孰爲師說。孰爲徒說。」文史通義言公篇。蓋古人爲書。多出於門人所記。不必成於一人。亦不必成於一時也。古書原非贋鼎。由後人補亂者甚多。例如四子書史記諸書。故最宜注意。要之事據確鑿方爲定論。孤證片徵。不足翻案。司馬光曰「新進後生。口傳耳剽。讀易未識卦爻。已謂十翼非孔子之言。讀禮未知篇數。已謂周官爲戰國之書。」論風俗劄子。此風不獨宋人爲然。於今猶烈。好學者誠宜惡絕。至審定既竟。更須理董。其法勤校勘以求本子之訂正。通訓詁以求古義之考定。參證西說。以資會通。然三者須等齊勿偏。否則專精校詁。疏於貫通。必蹈漢儒瑣碎之轍。專明貫通。

不諳校詁。必犯宋儒空疏之弊。二者均不足言治學。又莊子曰。「井鼃不可以語於海者。拘於虛也。夏蟲不可以語於冰者篤於時也。」（秋水篇。）國人研學。多不免此。或榮古而賤今。或貴今而崇夷。其蔽雖反。害學則一。段玉裁曰。「校經之法。必以賈還賈。以孔還孔。以陸還陸。以杜還杜。以鄭還鄭。各得其底本。而後判其義理之是非。不先正注疏釋文之底本。則多誣古人。不斷其立說之是非。則多誤今人。」（經韻樓集與諸同志論校書之難。）其指雖偏。其意甚是。蓋科學所以成立。全恃客觀的研究精神。吾儕既以治史爲業。宜在保持其冷靜的頭腦。專務忠實介紹古人思想之眞像。斷不容以己意增減其妍醜。尤不容以名實不相副之解釋。致讀者起幻蔽。此在百學皆然。而經濟思想一科。亦弗能例外也。

第二章　諸子思想之考原及其勃興之故

經濟思想究發生於何時。史缺有間矣。約之當與人類有生俱來。蓋人生而有欲。有欲則思所以滿足。因在物質方面。乃生衣食住收入支出等問題。而解決之方。雖在原始人類。亦必略加思慮。此種思慮之結果。卽經濟思想之源泉。太史公曰「神農以前。吾不知已。至若詩書所述。虞夏以來。耳目欲極聲色之好。口欲窮芻豢之味。身安逸樂。而心誇矜勢能之榮。使俗之民漸久矣。雖戶說以眇論。終不能化。」（史記貨殖傳）愚述吾國經濟思想史。卽取其義。以神農氏開宗。并稽諸子思想之淵源焉。

神農　易傳曰「庖羲氏沒。神農氏作。斲木爲耜。揉木爲耒。耒耜之利。以教天下。蓋取諸益。日中爲市。致天下之民。聚天下之貨。交易而退。各得其所。蓋取諸噬嗑。」此爲吾國經濟史上一大進化。漢書藝文志謂神農有書二十篇。按此書未必本人自作。然其中必有神農之遺言。惜今不傳。文子上義引神農之法曰「丈夫丁壯不耕。天下有受其饑者。婦人當年不織。天下有受其寒者。其耕不強者。無以養生。其織不力者。無以衣形。」漢書晁錯傳引神農之教曰。「有石城十仞。湯池百步。帶甲百萬。而無粟。弗能守也。」尸子曰。「神農氏夫負妻戴以治天下。幷耕而王。所以勸耕。」（太平御覽皇王部引）此卽農家許行之學所由出。管子揆度引神農之數曰。「一穀不登減一穀。穀之法什倍。二穀不登減二穀。穀之法再什倍。夷疏滿之。無食者予之陳。無種者貸之新。故無十倍之價。無倍稱之民。」此輕重斂散之法。卽法家計然李悝平糴之說所由出。

黃帝堯舜　孔子易傳曰。「神農氏沒。黃帝堯舜氏作。通其變。使民不倦。神而化之。使民宜之。易窮則變。變則通。通則久。是以自天佑之。吉無不利。黃帝堯舜垂衣裳而天下治。蓋取諸乾坤。刳木爲舟。剡木爲楫。舟楫之利。以濟不通。致遠以利天下。蓋取諸渙。服牛乘馬。引重致遠。以利天下。蓋取諸隨。重門擊柝。以待暴客。蓋取諸豫。斷木爲杵。掘地爲臼。臼杵之利。萬民以濟。蓋取諸小過。弦木爲弧。剡木爲矢。弧矢之利。以威天下。蓋取諸睽。上古穴居而野處。後世聖人易之以宮室。上棟下宇。以待風雨。蓋取諸大壯。古之葬者。厚衣之以薪。葬之中野。不封不樹。喪期无數。後世聖人易之以棺槨。蓋取諸大過。上古結繩而治。後世聖人易之以書契。百官以治。萬民以察。蓋取諸夬。」此爲吾國古代物質文明。臻於至極。

昔人稱黃帝曰。「聲禁重。色禁重。衣禁重。香禁重。味禁重。室禁重。」（呂氏春秋去私篇引）又曰。「黃帝治天下。別男女。異雌雄。明天下。等貴賤。使強不掩弱。衆不暴寡。人民不夭。百官無私。上下調而無尤。法令明而不闇。輔佐公而不阿。田不侵畔。漁不爭隈。道不拾遺。市不豫賈。城郭不關。邑無盜賊。鄙旅之人相讓以財。狗彘吐菽粟於路。而無忿爭之心。」（淮南子覽冥訓）此卽道家經濟思想所自出。賈誼劉向幷稱堯曰。「吾加志於窮民。一民或飢。曰此我飢之也。一民或寒。曰此我寒之也。」（新書修政語說苑君道）此卽儒家經濟思想所由出。

夏禹　漢書藝文志有大禽三十七篇。注。傳言禹所作。賈誼書修政語稱禹曰。民無食也。則我弗能使也。功成而不利於民。我弗能勸也。逸周書大聚引禹之禁。春三月山林不登斧。以成草木之長。夏三月川澤不入網罟。以成魚鼈之長。且以幷農力執。成男女之功。又文傳引夏箴曰。中不容利。民乃外次。開望曰。土廣無守可襲伐。土狹無食可圍竭。二禍之來。不稱之災。天有四殃。水旱饑荒。其至無時。非務積聚。何以備之。又引夏箴曰。小人無兼年之食。遇天饑。妻子非其有也。大夫無兼年之食。遇天饑。臣妾輿馬非其有也。國無兼年之食。遇天饑。百姓非其有也。戒之哉。弗思弗行。禍至無日矣。此卽墨家經濟思想所由出。

古之道術無乎不在。其明而在數度者。舊法世傳之史尙多有之。其在於詩書禮樂者。鄒魯之士。縉紳先生。多能明之。其數散於天下而設於中國者。百家之學。時或稱而道之。天下大亂。賢聖不明。道德不一。天下之人。各爲其所欲焉以自爲方。故孔北老南。對壘互峙。諸子百家。繼軌幷作。如春雷一聲。萬綠齊茁於廣野。火山乍裂。熱石競飛於天外。此固由當時之政教所致。然經濟社會之劇變亦有足促成者。夫由堯舜至於周初由周初至於東遷。其間固劃然分爲數期。然其變遷之跡不甚著。而史傳亦不詳焉。獨至春秋戰國。實爲中國經濟社會劇變之期。班孟堅曰。「周室衰。禮法墮。諸侯刻桷丹楹。大夫山節藻梲。八佾舞於庭。雍徹於堂。其流至於庶人。莫不離制而棄本。稼穡之民少。商旅之民多。穀不足而貨有餘。夷陵至乎桓文之後。禮儀大壞。上下相冒。國異政。家殊俗。僭差亡極。於是商通難得之貨。工作無用之器。士設反道之行。以追時好。而取世資。僞民背實而要名。姦夫犯害而求利。篡世取國者爲王公。圉奪成家者爲雄桀。禮誼不足以拘君子。刑戮不足以威小人。富者木土被文錦。犬馬餘肉粟。而貧者裋褐不完。唅菽飲水。其爲編戶齊民同列。而以財力相君。雖爲僕虜。猶亡慍色。故夫飾變詐爲姦軌者。自足乎一世之間。守道循理者．不免於飢寒之患。其教自上興。繇法度之無限也。」漢書貨殖列傳．經濟失平。民生憔悴。於是世之仁人蒿目而憂世之患、乃從事究討社會問題。經濟組織。以著書立說。

第三章　道家思想

緒論

周秦之際。歷史最早。範圍最廣。勢力最大之道術。當推道家。道家「使人精神專一。動合無形。贍足萬物。」司馬談論六家要旨。故於經濟思想亦復有方。「道家者流蓋出於史官。」漢書藝文志。「黃帝之世。始設史官。」世本宋衷注。言道德固莫尚於黃帝矣。黃帝既沒。史氏世傳其學。未嘗以言顯於世。逮夏殷德衰。太史終古犇商。向摯歸周。呂覽先識。而史失其職。伊尹太公辛甲及鬻熊懼官守不修。道術將裂。乃各以著述聞。至老聃掌史職最晚。而察物最精。測心甚微。而見道甚篤。於是著書上下篇。言道德之義。故戰國時稱黃老道德之術。史記孟荀列傳。漢時或稱黃老言。史記孝武紀。或稱黃老道。漢書循吏傳。蓋道家之說。固始於黃帝。而老聃則集大成者也。老子之後。有楊朱列禦寇莊周等亦傳是學。

老子

傳略　史記曰。「老子者。楚苦縣厲鄉曲仁里人也。名耳。字聃。姓李氏。周守藏室之史也。孔子適周。問禮於老子。孔子去。謂弟子曰。吾今日見老子。其猶龍耶。老子修道德。其學以自隱無名爲務。居周久之。見周之衰。迺遂去至關。關令尹喜曰。子將隱矣。強爲我著書。於是老子乃著書上下篇言道德之意五千餘言而去。莫知所終。」老子傳。夢按史遷言老子不知終於何時何處。若誤以爲不死。誠所謂難爲淺見寡聞者道也。

無欲　人生不能無作爲。作爲之動機由欲望。欲望者何。即吾人不足之感與求足之願二者合成之心理作用。得之則喜。弗得則憂。故人生均以一定之慾望爲最終之目的。然人類因求慾望之充足而維持而發達。慾望亦因人類之發達而增進而進化。欲望之量增。慾望之質進。而社會之文明。亦與之俱進。是故世界之文明史。即不外慾望之發達史耳。老子之意見。則大異是。彼曰。「是以聖人之治。常使人無知無欲。」「罪莫大於可欲。禍莫大於不知足。咎莫憯於欲得。故知足之足常足矣。」「化而欲作。吾將鎮之以無名之樸。無名之樸。夫亦將無欲。不欲以靜。天下將自定。」「見素抱樸。少私寡欲。」「貧國若有餘。非多財也。嗜欲衆而民躁也。」鹽鐵論本議篇引。「樂莫大於無憂。富莫大於知足。」嵇康答向子期難養生論引。老子以人如爲滿足其無涯之慾望而奮鬬。則貪念愈擴而愈大。慾火愈燒而愈烈。不僅難達滿足之境。實適所以自趨於災禍恥辱之道耳。苟能抑其內在之慾望。則自不待夫外界財貨供給之增多。而其所得之滿足已無窮。人生之幸福亦實在是。故諄諄以無欲知足示人。然荀子曰。「今使人生而未嘗睹芻豢稻粱也。惟菽藿糟糠之爲睹。則以至足爲在是已。俄而粲然有秉芻豢稻粱而至者。則瞲然視之曰。此何怪也。彼臭之而無嗛於鼻。嘗之而甘於口。食之而安於體。則莫不棄彼而取此矣。」（榮辱篇。）老子亦謂「樂與餌。過客止。」「衆人熙熙。如享大牢。如登春臺。」可知民心之亂。全由外物引誘。故曰。「不見可欲。使民心不亂。」惟此尙爲凡人道。至「善建者不拔。善抱者不脫。」「聖人欲不欲。不貴難得之貨。」而韓非曰「老聃有言。知足不辱。知止不殆。夫以殆辱之故而不求於足之外者老聃也。今以爲足民而可以治。是以爲民皆如老聃也。故桀貴在天子而不足於尊。富有四海之內而不足於寶。君人者雖足民。不能足使爲天子。而桀未必爲天子爲足也。則雖足民何可以爲治也。」（六反篇。）殆所謂聞道大笑者乎。

交通　交通機關有二。一曰精神之交通機關。二曰物質之交通機關。精神之交通機關。文字是也。物質之交通機關。舟車是也。二者交互爲用。相得益彰。若徒有文字而無舟車以爲之交通。則山川修阻。

精神既不能相融洽。徒有舟車而無文字以爲交通。則情義隔閡。物質亦不能相調劑。故此兩種交通機關之有無利鈍。實人類文野休戚之大鍵。而老子殊不謂然。彼曰。「使民重死而不遠徙。雖有舟輿。無所乘之。使人復結繩而用之。鄰國相望。雞犬之聲相聞。民至老死不相往來。」莊子胠篋篇云。子獨不知至德之世乎。民結繩而用之。鄰國相望。鷄犬之聲相聞。民至老死而不相往來者。若此之時。則至治矣。又曰。足跡接乎諸侯之境。車軌結乎千里之外。則是上好知之過也。上誠好知而無道。則天下大亂矣。莊子之言。即本乎老子而更切明。以爲無舟車文字。則可以臻至治。否則爲大亂之道。　蓋老子主「絕聖棄智」。而智識之來源有二。一由讀書多。則學問博。智識愈高。二由足跡所至多。見廣聞。而經驗富。故欲廢此兩種交通機關。即指文字舟車而言。以杜智慧之來源。以達分離之目的。其革命精神。實較撥去政府。廢除金錢。更進數層矣。其後莊子則更明言「絕聖棄智。大盜乃止。擿玉毀珠。小盜不起。焚符破璽。而民樸鄙。掊斗折衡。而民不爭。」凡符璽斗衡之具。所以輔佐統一便利交通者。皆一切焚破掊折。此即老子之餘義也。以吾觀之。老子之於交通。主分離政策。得遂人自爲謀之自由意志。不相主奴。此其利也。然一有強有力者肆其野心。役使衆人。狡焉侵略兼并。互相雄長。則老子亦無法以救之。其弊一也。交通既絕。一有水旱疾疫饑饉死喪。則有無不能相通。災難不能相扶。救死不贍。人將相食。其弊二也。故老子之毀棄交通。實不若墨翟之主便利交通爲愈。墨子之説述於本書第八章。

寶儉　老子既主無欲則其於消費之寶儉去奢自屬意中。彼曰「我有三寶持而寶之……二曰儉。……儉故能廣。……今舍儉且廣。……是謂入死門。」「治人事天莫若嗇。」「是故聖人去僭去奢去汰」「服文綵帶利劍。厭飲食財貨有餘。是謂盜夸。非道也哉」此其消費論之正鵠。然具體若何。彼曰「是以聖人之治虛其心。實其腹。弱其志強其骨」「是以大丈夫處其厚不居其薄處其實不居其華」「甘其食美其服安其居樂其俗」「聖人爲腹不爲目」讀此則知老子雖絶主銷滅形上之智欲。而形下之享受。亦須稍求舒服。惟限於飽食煖衣逸居。不能越雷池一步。故曰「五色令人目盲。五音令人耳聾。五味令人口爽。馳騁田獵令人心發狂。難得之貨令人行妨」此語究之對否。余謂絲毫不錯。試舉一例。吾儕祖先夜然油燈。燈草兩根。已數千年矣。近頃漸用煤油燈。又漸而用電燈。由十幾枝燭光之電燈加至幾十枝或幾百枝。漸而大街上當招牌之電燈。裝出萬紫千紅。時燃時滅。燦爛閃灼。此均吾儕視覺漸鈍之因。又係吾儕視覺既鈍之果。初以燈亮之故。致目力亂費無節。漸耗過多。則目非此弗能視。後卽是亦不足。須更加亮方可。加加終無了期。總之以視覺既鈍。非加倍刺激。

不能發動其本能。愈刺愈鈍。愈鈍愈刺。互爲因果。陷溺重重。由此蛻遞數葉直足令人目盲。其他聲味同理。邇來歐美患神經衰弱症者。與日俱增。煙酒等類麻醉奮興之品日用日廣。均係利用其刺激作用。文學美術音樂均以愈富刺激性者愈流行。無非神經疲勞之反響。司馬遷曰「輓近世塗民耳目。則幾無行矣。」（見史記貨殖列傳。）意亦指此。語雖太過要非無理。老子爲救此病態計。故消費特主儉嗇也。

重農　老子之重農。不以經濟立論。而從政治道德諸方爲言其辭曰。「民多利器。國家滋昏。人多技巧。奇物滋起。」「樸散則爲器。」「絕巧棄利。盜賊無有。」「不貴難得之貨。使民不爲盜。」「朝甚除。田甚蕪。倉甚虛。財貨有餘。是謂盜夸。非道也哉。」「天下有道。卻走馬以糞。」則老子之鄙賤工商。崇尚農業。昭然揭矣。又曰。「小國寡民。使有什百人之器而不用。」莊子曾舉例以釋之曰。「子貢南游於楚。反於晉。過漢陰。見一丈人方將爲圃畦。鑿隧而入井。抱甕而出灌。用力多而見功寡。子貢曰。有械於此。一日浸百畦。用力甚寡而見功多。夫子不欲乎。爲圃者忿然作色而笑曰。吾聞之吾師。有機械者必有機事。有機事者必有機心。機心存於胸中。則純白不備。神定不生。神定不生。道之所不載也。吾非不知。蓋不爲也。」（天地篇。）是道家於機械。非不知其功用。而竟蔑視者。蓋已透進一層矣。

均產　英哲羅素謂人類本能之衝動有二。一占有。一創造。占有是須據某物爲己有。創造則製物以利衆用。欲圖人羣進步。非勵奬創造衝動不可。老子則正主人生貴創造而賤佔有。故曰。「聖人不積。既以爲人己愈有。既以與人己愈多。」「故道生之。德畜之。長之育之。亭之毒之。養之覆之。生而不有。爲而不恃。長而不宰。是謂玄德。」「是以聖人執左契而不責於人。有德司契。無德司徹。」「天長地久。天地所以能長且久者。以其不自生。故能長生。是以聖人後其身而身先。外其身而身存。非以其無私邪。故能成其私。」老子以爲凡有特殊能力者。不須計較一己之享受。允宜力圖人羣之幸福。故甚不以建獨樂於他人用汗血易來之剩餘價值上者爲然。而主人民生活均應在水平線上。故曰。「天之道損有餘而補不足。人之道不然。損不足以奉有餘。孰能以有餘奉天下。惟有道者。」西儒 Lord Lauderdale曰。「凡屬個人之財。皆取之於社會之總財。個人之財增。則社會之財減。一人之所取獨多。他人之應得必少。可斷言也。」其說足與老子相發。欲期均富。必先損有餘以補不足。損有餘者。「損之而益。」（夢按墨經曰。損而不害。說在餘。說曰。且有損而後益者。若瘧病者之於瘧也。義與此通。）「禍兮福之所依」也。益聚斂者。「益之而損。」「福兮禍之所伏」也。蓋老子以均產既利貧且利富。否固虐貧。「民之饑。以其上食稅之多。是以饑。」「民之輕死。以其上求生之厚。是以輕死。」然富者亦何利焉。「金玉滿堂。莫之能守。富貴而驕自遺其咎。」「持而盈之。不如其已。揣而梲之。不可長保。」「餘食贅行。物或惡之。」「甚愛必大費。多藏必厚亡。」故均則兩利。否則兩害也。

法自然　老子以自然貌若無爲而力能支配萬物。人類特其所支配之一末葉。彼曰。「人法地。地法天。天法道。道法自然。」（按西土農家者流。亦有人爲應法自然之說。足與此相參。）故人能「恃萬物之自然而不敢爲。」則「無爲而無不爲。」不則「雖欲爲之而無以爲。」經濟亦然。自由則「民莫之令而自均。我無事而民自富。我無欲而民自樸。」干涉則「天下多忌諱而民彌貧。法令滋彰。盜賊多有。」所謂多忌諱而民彌貧者。漢之鹽鐵。明之採礦。可爲例證。至法令滋彰。盜賊多有者。史記酷吏傳云。「自溫舒等以惡爲治。而郡守都尉諸侯二千石欲爲治者。其治大抵盡放溫舒。而吏民益輕犯法。盜賊滋起。南陽有梅免白政。楚有殷中杜少。齊有徐勃。燕趙之間有堅盧范生之屬。大羣至數千人。擅自號。攻城邑。取庫兵。釋死罪。縛辱郡太守都尉。殺二千石。爲檄告縣。趣具食。小郡盜以百數。掠鹵鄉里者。不可勝數。」斯乃最好之注脚也。西儒亞丹斯密謂「不加強制。不與妨害。實最有利於社會……法律惟有一任人民自謀己利而已。」其說足與老子相發。所異者。斯密言自由而常繼之以競爭。老子則以不爭爲歸。其辭曰。「江海所以能爲百谷王者。以其善下之故能爲百谷王。……以其不爭。故天下莫能與之爭。」「曲則全。枉則直。窪則盈。……夫惟不爭。故天下莫能與之爭。」「上善若水。水善利萬物而不爭處衆人之所惡。故幾於道。」「夫惟不爭。故無尤。」

列子

事略　「列子名禦寇。先莊子。」（漢書藝文志。）「其學本黃帝老子。」（繹史卷十二引劉向別錄。）「居鄭圃四十年。人無識者。」（天瑞篇。）「既師壺丘子林。友伯昏瞀人。乃居南郭。從之處者日數而不及。」（仲尼篇。）列子蓋鄭人。其年代已不能詳。柳宗元定爲魯穆公時人。（辨列子。）王應麟定爲與子產同時。（困學紀聞卷十。）按列子學於壺丘子林。而壺丘子林曾見子產。（呂覽下賢篇。）是列子生當春秋之末。戰國之初。有書八篇。（漢志。）「然其事亦多增竄非其實。要之莊周爲放依其辭。其稱夏棘狙公紀渻子季咸等皆出列子。不可盡紀。其文辭類莊子而尤質厚。少僞作。好文者可廢耶。」（見柳宗元辨列子。按列書黃震姚際恆錢大昕俞正燮均謂爲漢晉人所依託。但書內多存道家古說。決非秦後所能僞造甚明。）

力命　列子曰。「終北之國。長幼儕居。不君不臣。男女雜游。不媒不聘。緣水而居。不耕不稼。土氣溫適。不識不衣。百年而死。不夭不病。」湯問·「列姑射山在海河洲中。山上有神人焉。吸風飲露。不食五穀。不施不惠。而物自足。不聚不斂。而已無愆。字育常時。年穀常豐。而土無札傷。人無夭惡。」黃帝·是其經濟思想。實含有神祕性。彼以爲人生榮枯。皆先由命定。力竟無所從事。曾假例明之。「力謂命曰。若之功奚若我哉。命曰。汝奚功於物。而欲比朕。力曰。壽夭窮達。貴賤貧富。我力之所能也。命曰。彭祖之智。不出堯舜之上。而壽八百。顏淵之才。不出衆人之下。而壽四八。仲尼之德。不出諸侯之下。而困於陳蔡。殷紂之行。不出三人之上。而居君位。季札無爵於吳。田恒專有齊國。夷齊餓於首陽。季氏富於展禽。若是汝力之所能。奈何壽彼而夭此。窮聖而達逆。賤賢而貴愚。貧善而富惡耶。力曰。若如若言。我固無功於物。而物若此耶。此則若之所制耶。命曰。既謂之命。奈何有制之者耶。朕直而推之。曲而任之。自壽自夭。自窮自達。自貴自賤。自富自貧。朕豈能識之矣。朕豈能識之哉。」力命篇·彼好行小慧之徒。自詡工巧。豈知由天地之道。觀其所能。實猶一蚊一虻之勞。於物何庸。如「宋人有爲其君以象爲楮葉者。三年而成。豐殺莖柯。毫芒繁澤。亂之楮葉之中。而不可別也。此人遂以功食於宋邦。列子聞之曰。使天下三年而成一葉。則物之有葉者寡矣。故不乘天地之資。而載一人之身。不逐道理之數。而學一人智。此皆一葉之行也。故冬耕之稼。后稷不能羨也。豐年大禾。臧獲不能惡也。以一人力則后稷不足。隨自然則臧獲有餘。」上見韓非喻老篇。列子說符篇亦載此。惟文辭稍簡。人若昧於自然。不甘命定生活。則貧怨富驕之事立見。社會雍和之態頓破。如「北宮子謂西門子曰。朕與子並世也。而人子達。並族也。而人子敬。並貌也。而人子愛。並言也。而人子庸。並行也。而人子誠。並仕也。而人子貴。並農也。而人子富。並商也。而人子利。朕衣則短褐。食則粢糲。居則蓬室。出則徒行。子衣則文錦。食則粱肉。居則連欐。出則結駟。在家熙然有棄朕之心。在朝諤然有敖朕之色。請謁不相及。遨遊不同行。固有年矣。子自以德過朕耶。西門子曰。予無知其實。汝造事而窮。予造事而達。此厚薄之驗歟。而皆謂與予並。汝之顏厚矣。」力命篇。豈知人之窮達貧富。不關才德。斯乃「固然之理。」矜愧均無謂。徒徵未窺大道之門而已。莊子大宗師篇。紀子桑雖知家貧由命。然鼓琴若歌若哭。猶所謂升堂未入於室也。

罪盜　今人譏共產黨之貪私黷貨。謂爲你的就是我的。他的也是我的。我的還是我的。列子則恰與之反。其言曰「齊之國氏大富。宋之向氏大貧。自宋之齊。請其術。國氏告之曰。吾善爲盜。始吾爲盜也。一年而給。二年而足。三年大穰。自此以往。施及州閭。向氏大喜。喻其爲盜之言。而不喻其爲盜之道。遂踰垣鑿室。手目所及。亡不探也。未及時以贓獲罪。沒其先居之財。向氏以爲國氏之謬已也。往而怨之。國氏曰。若爲盜若何。向氏言其狀。國氏曰。嘻。若失爲盜之道至此乎。今將告若矣，吾聞天有時。地有利。吾盜天地之時利。雲雨之滂潤。山澤之產育。以生吾禾。殖吾稼。築吾垣。建吾舍。陸盜禽獸。水盜魚鼈。亡非盜也。夫禾稼土木禽獸魚鼈。皆天之所生。豈吾之所有。然吾盜天而亡殃。夫金玉珍寶。穀帛財貨。人之所聚。豈天所與。若盜之而獲罪。孰怨哉。」（天瑞篇）此其承認私產制度。人我之界至嚴。謂吾人藉天時地利以殖稼林。漁獵以取魚獸。苟能一無貪念。順乎天然。有知足之心。則於天雖有慚德。情尚可恕。至穿踰之行。損人益己。實爲法典所不宥。惟意不寧是。蓋吾人昂藏七尺。乃由天地化生。自宜泯除利己之見。歸於無我之域。故賡上而言曰「向氏大惑。以爲國氏之重罔己也。過東郭先生問焉。東郭先生曰。若一身庸非盜乎。盜陰陽之和以成若生。載若形。況外物而非盜哉。誠然天地萬物不相離也。認而有之。皆惑也。國氏之盜。公道也。故亡殃。若之盜。私心也。故得罪。有公私者亦盜也。亡公私者亦盜也。公公私私。天地之德。知天地之德者。孰爲盜耶。孰爲不盜耶。」（同上）又曰「舜問乎烝曰。道可得而有乎。曰。汝身非汝有。孰有之哉。曰。是天地之委形也。生非汝有。是天地之委和也。性命非汝有。是天地之委順也。孫子非汝有。是天地之委蛻也。故行不知所往。處不知所持。食不知所以。天地強陽氣也。又胡可得而有耶。」同上。此種旨趣至偉。志願至宏。惜亦僅如法蘭西空想派社會主義之烏托邦。不能建之實事。

列子曰。「人而無義。惟食而已。是雞狗也。彊食靡角。勝者爲制。是禽獸也。爲雞狗禽獸矣。而欲人之尊己。不可得也。人不尊己。則危辱及之矣。」說符篇。其義較蒲魯東謂「財產卽贓物。」尤爲切實。殊堪爲倡唯物倡鬬爭者之當頭棒喝。

楊朱

事略　楊朱宋人。莊子駢拇篇成玄英疏云。時代較老子稍晚。約與墨子列子相值。列子黃帝篇。載楊朱嘗見老子。楊朱篇紀楊朱與禽滑釐辨論。嘗見梁王。考魏稱王始於惠王。其元年上距孔子之沒。已百十八年。楊朱當不及見梁稱王。此王字蓋爲後人追稱。如莊子稱晉獻公爲王之類。古書嘗有此例。又嘗遊於魯。見列子楊朱篇。彼於「死後之名非所取。」故未著書傳世。其學說全見於列子楊朱篇。

思想　楊朱曰。「君臣皆安。物我兼利。古之道也。」是孟子稱其爲我。僅明了片面。然則全體若何。楊朱曰。「智之所貴。存我爲貴。力之所賤。侵物爲賤。古之人損一毫利天下。不與也。悉天下奉一身。不取也。人人不損一毫。人人不利天下。天下治矣。」蓋社會之攘奪。此與彼取。此失彼得。我不自弱。誰敢侮之。且我若利物。物必先有不利者在。故義貴存我。力賤侵物。天下自治。然舊社會之組織。一方有專務侵物之資家。一方有貧難自存之窮民。資家悉天下以奉一身。窮民損一己以利豪強。其與楊說舛馳。豈待贅言。故楊朱秉「皆安兼利」之古道。進而力倡均產。彼曰。原憲窶於魯。子貢殖於衞。原憲之窶損生。子貢之殖累身。然則窶亦不可。殖亦不可。其可焉在。曰可在樂生。可在逸身。故善樂生者不窶。善逸身者不殖。」又曰。「身非我有也。既生不得不全之。物非我有也。既有不得而去之。（夢按：常熟瞿氏所藏北宋本列子作不字。）身固生之主。物亦養之主。雖全生身。不可有其身。雖不去物。不可有其物。有其物。有其身。是橫私天下之身。橫私天下之物。其唯聖人乎。公天下之身。公天下之物。其爲至人矣。此之謂至至者也。」所謂「不窶」「不殖。」則其樹均產之幟甚明。然實現之法奚若。楊朱曰。「古語有之。生相憐。此語至矣。相憐之道。非爲情也。勤能使逸。飢能使飽。寒能使温。窮能使達也。」所謂「相憐」者。卽富者以同情心之表現。自出資財以救窮困者也。惟其法頗奇。不需直接拿錢施振。己祇如此養生。「從心而動。不違自然所好。從性而游。不逆萬物所好。肆之而已。勿壅勿閼。恣耳之所欲聽。恣口之所欲言。恣體之所欲安。恣意之所欲行。」卽能加惠貧民。若更具體明之。如「衞端木叔者。子貢之世也。藉其先貲。家累萬金。不治世故。放意所好。其生民所欲爲。人意之所欲玩者。無不爲也。無不玩也。牆屋臺榭園囿池沼飲食車服聲樂嬪御。擬齊楚之君焉。至其情所欲好。耳所欲聽。目所欲視。口所欲嘗。雖殊方偏國。非齊土之所產者。無不必致之。猶藩牆之物也。及其游也。雖山川險阻。途逕修遠。無不必之。猶人之行咫尺也。賓客在庭者日百往。庖廚之下。不絕煙火。堂廡之上。不絕聲樂。」則「國之人受其施者。」卽已不眇。故西儒孟德維爾曰「奢侈可令百萬貧民得其職業。而誇敖可養百萬之人。」誠不我欺。楊朱又謂端木叔「行年六十。氣幹時衰。棄其家事。都散其庫藏珍寶車服妾媵。一年之中盡焉。不爲子孫留財。」是遺產制度。亦所唾棄。漢疎廣謂「子孫賢而多財。則損其志。愚而多財。則益其禍。」理誠有然。然吾聞聖人之治國。不恃人之爲吾善也。而用其不得爲非也。恃人之爲吾善也。境內不什數。用人不得爲非。一國可使齊。爲治也。楊朱有鑒於此。故以均產不能專靠富人放刀成佛。而誅戮不仁。亦宜有方。彼曰「生民之不得休息。爲四事故。一爲壽。二爲名。三爲位。四爲貨。有此四者。畏鬼畏人畏威畏刑。此之謂遁人也。可殺可活。制命在外。不逆命何羡壽。不矜貴何羡名。不要勢何羡位。不貪富何羡貨。此之謂順民也。天下無對。制命在內。」楊朱之主均產及其方法。固已聞矣。然彼以均之宜漸而不宜陡。故曰。「周諺曰田父可坐殺。晨出夜入。自以性之恆。啜菽茹藿。自以味之極。肌肉麤厚。筋節蜷急。一朝處以柔毛綈幕。薦以粱肉蘭橘。心痟體煩。肉熱生病矣。商魯之君。與田父侔地。則亦不盈一時而憊矣。」楊朱以人類甚富慣性。頓變非宜。故均產須緩進。不可採偏激手段。至均產旣行。人人均得「豐屋美服。厚味姣色。」楊朱以爲於願已足。不應過事苛求。苛求卽蠢。故曰。「有此四者。何求於外。有此而外求者。無厭之性。無厭之性。陰陽之蠹也。」

莊子

傳略　史記曰。「莊子者蒙人也。名周。嘗爲蒙漆園吏。然其要本歸於老子之言。大抵率寓言也。作漁父盜跖胠篋以詆訾孔子之徒。以明老子之術。畏累虛亢桑子之屬。皆虛語無事實。然善屬書離辭。指事類情。用剽剝儒墨。雖當世宿學。不能自解免也。」（莊子傳）

生產　莊子曰。「當因自然而不益生。」（德充符）所謂因自然卽莊子生產學說之基念。彼以自然可以生產。曰。「至陰肅肅。至陽赫赫。赫赫出乎天。肅肅發於地。兩者相交成和而物生焉。」（田子方）「無問其名。無闚其情。物故自生。」（在宥）萬物旣由自然化生。吾人自可聽天度日。故曰。「棄事則形不勞。遺生則精不虧。形全精復。與天爲一。」達生「至人無爲。大聖不作。觀於天地之謂也。」知北游是彼尙猶留戀於自然經濟時代。不賴人爲之原始生活。其理有誤。姑不具論。而事難實建。亦毋待辭費。莊子曰「黃帝問於廣成子曰。我聞吾子達於至道。敢問至道之精。吾欲取天下之精。以佐五穀。以養民人。吾又欲官陰陽以遂羣生。爲之奈何。廣成子曰。而所問者。物之質也。而所欲官者。物之殘也。自而治天下。雲氣不待族而雨。草木不待黃而落。日月之光。益以荒矣。而佞人之心翦翦者。又奚足以語至道。」在宥「夫弓弩畢弋機變之知多。則鳥亂於上矣。鉤餌網罟罾笱之知多。則魚亂於水矣。削格羅落罝罘之知多。則獸亂於澤矣。……擢亂六律。鑠絕竽瑟。塞瞽曠之耳。而天下始人含其聰矣。滅文章。散五采。膠離朱之目。而天下始人含其明矣。毀絕鉤繩。而棄規矩。攦工倕之指。而天下始人有其巧矣。」胠篋此謂自然旣臻至善。人爲徒招紛亂。職是之故。莊子對於農工商賈。均所鄙視。曰「農夫無草萊之事則不比。商賈無市井之事則不比。庶人有旦暮之事則勸。百工有器械之巧則壯。錢財不積則貪者憂。權勢不尤則夸者悲。勢物之徒樂變。遭時有所用。不能無爲也。此皆順比於歲。不物於易者也。」徐無鬼而於工商爲最。曰「不貨焉用商。」德充符「純樸不殘。孰爲犧樽。白玉不毀。孰爲圭璋。殘樸以爲器。工匠之罪也。」

（馬蹄）農業則猶習及曰。「昔予爲禾。耕而鹵莽之。則其實亦鹵莽而報予。芸而滅裂之。其實亦滅裂而報予。予本年變齊。深其耕而熟耰之。其禾繁以滋。」（則陽）所謂鹵莽滅裂耕芸者。卽今農學上之粗放耕作也。所謂深耕熟耰者。卽今農學上之集約耕作也。由粗放而集約。耕作步驟應如是。莊子深得其中三味。

無欲　莊子之論欲。純基於以下之觀念。彼曰。「古之畜天下者。無欲而天下足。」（天地）「君將盈耆欲。長好惡。則性命之情病矣。君將黜耆欲。掔好惡。則耳目病矣。」（徐無鬼）「其耆欲深者其天機淺。」（德充符）「少君之費。寡君之欲。雖無糧而乃足。」（山木）既倡無欲。然欲念之動。大都由外物之引誘使然。故莊子進而與物質文明以最嚴重之打擊。曰。「夫天下之所尊者。富貴壽善也。所樂者身安厚味美服好色音聲也。所下者貧賤夭惡也。所苦者身不得安逸。口不得厚味。形不得美服。目不得好色。耳不得音聲。若不得者。則大憂以懼。其爲形也亦愚矣。夫富貴者苦身疾作。多積財而不能盡用。其爲形也亦外矣。夫貴者夜以繼日。思慮善否。其爲形也亦疎矣。人之生也。與憂俱生。壽者惛惛久憂不死。何苦也。其爲形也亦遠矣。」（至樂）「古之所謂得志者。非軒冕之謂也。謂其無以益其樂而已矣。今之所謂得志者。軒冕之謂也。軒冕在身。非性命也。物之儻來。寄者也。寄之。其來不可圉。其去不可止。故不爲軒冕肆志。不爲窮約趨俗。其樂彼與此同。故無憂而已矣。今寄去則不樂。由之觀之。雖樂未嘗不荒也。故曰。喪己於物。失性於俗者。謂之倒置之民。」刻意「且夫趨舍聲色以柴其內。皮弁鷸冠。搢笏紳修。以約其外。內支盈於柴柵。外重纆繳。睆睆在纆繳之中。而以爲得。則是罪人交臂歷指。而虎豹在於囊檻。亦可以爲得矣。」天地

分配　今人輒言口於味有同嗜。耳於聲有同聽。而社會貧富懸殊。故爭鬬紛起。彼共產黨徒遂披髮纓冠。旌語口呼。詆富者不仁。懷璧其罪。非打倒不足救勞工於水火。莊子則異是。謂「彼至正者。不失其性命之情。故合者不爲駢。而枝者不爲跂。長者不爲有餘。短者不爲不足。是故鳧脛雖短。續之則憂。鶴脛雖長。斷之則悲。故性長非所斷。性短非所積。無所去憂也。今世之仁人。蒿目而憂世之患。不仁之人。決性命之情而饕富貴。故意仁義其非人情乎。自三代以下者。天下何其囂上也。駢拇蓋物情萬殊。苟能適性。均足逍遙。故爲挹注。徒滅情理。又至樂篇有寓言一則。雖無其事。要爲有理。其辭曰。「昔者海鳥止於魯郊。魯侯御而觴之於廟。奏九韶以爲樂。具太牢以爲膳。鳥乃眩視憂悲。不敢食一臠。不敢飲

一杯。三日而死。此以己養養鳥。非以鳥養養鳥也。夫以鳥養養鳥者。宜栖之深林。遊之壇陸。浮之江湖。食之鰌鰷。隨行列而止。委蛇而處。彼唯人言之惡聞。奚以夫譊譊爲乎。咸池九韶之樂。張之洞庭之野。鳥聞之而飛。獸聞之而走。魚聞之而下。人卒聞之。相與環而觀之。魚處水而生。人處水而死。彼必相與異。其好惡故異也。故先聖不一其能。不同其事。名止於實。義止於適。是之謂條達而福持。」夫知有小大。年別壽夭。故享受不必一格。宜以各取所需爲則。莊子曰。「是故大人之行。不出於害人。不多仁恩。動不爲利。不賤門隸。貨財弗爭。不多辭讓。事焉不借人。不多食乎利。」（秋水）「四海之內。共利之之謂悅。共給之之謂安。財用有餘而不知其所自來。飲食取足而不知其所自從。此謂德人之容。」（天地）「建德之國。知作而不知藏。與而不求其報。不知義之所適。不知禮之所將。」（山木）世人動以貨財之數量。萬難如江上清風。山間明月。取之不盡。用之不竭。若欲求弗有分界以範之。則爭奪之慘禍紛起。莊子則不謂然。蓋吾人之經濟欲望本有定限。非如漏巵難塞。故曰「鷦鷯巢於深林。不過一枝。偃鼠飲河。不過滿腹。」（逍遙遊）至於貪求無藝。吝嗇是務。莊子實深惡痛絕之。曰「不拘一世之利以爲己私分。」（天地）「富而使人分之。則何事之有」（同上）也。莊子雖主各取所需。然祇任情自然如此。不須加以人爲督促。萬一事顧相違。亦宜達觀爲懷。隨遇而安。曰。「大知觀於遠近。故小而不寡。大而不多。知量無窮。……察乎盈虛。故得而不喜。失而不憂。知分之無常也。」秋水。

賦斂　莊子於政治主在宥。在宥。於財政主自由輸將。此不僅中籍之異說。而實世界理財學史所絕無。亟舉於是。以資觀覽。山木篇云「北宮奢爲衛靈公賦斂以爲鐘。爲壇乎郭門之外。三月而成上下之縣。王子慶忌見而問焉。曰。子何術之設。奢曰。一之間无散設也。奢聞之。既雕既琢。復歸於樸。侗乎其无識。儻乎其怠疑。萃乎芒乎。其送往而迎來。來者勿禁。往者勿止。從其強梁。隨其曲傳。故朝夕賦斂而毫毛不挫。而況有大塗者乎」

結論

統觀道家經濟思想。在教人撇開物質文明以追尋精神文化。離開外生活以完成內生活。昔抱朴子載鮑生曰。「曩古之世。無君無臣。穿井而飲。耕田而食。日出而作。日入而息。汎然不繫。恢爾自得。不競不營。無榮無辱。山有蹊徑。澤無舟梁。川谷不通。則不相并兼。士衆不聚。則不相攻伐。是高巢不探。深淵不漉。鳳鸞棲息於庭宇。龍鱗羣游於園池。飢虎可履。虺蛇可執。涉澤而鷗鳥不飛。入林而狐兔不驚。勢利不萌。禍亂不作。干戈不用。城池不設。萬物玄同。相忘於道。疫癘不流。民獲考終。純白在胸。機心不生。含哺而熙。鼓腹而游。其言不華。其行不飾。安得聚斂以奪民財。安得嚴刑以爲坑穽。」（詰鮑篇·按鮑生之語·多用莊子馬蹄篇之之陳文·）此雖云曩古之治世。實道家經濟思想之烏托邦。惟哲人云亡。人道幾息。故鮑生傷之曰。「降及叔季。智用巧生。道德旣衰。尊卑有序。繁升降損益之禮。飾紱冕玄黃之服。起土木於凌霄。構丹綠於棼橑。傾峻搜寶。泳淵探珠。聚玉如林。不足以極其變。積金成山。不足以贍其費。澶漫於淫荒之域。而叛其大始之本。去古日遠。背朴彌增。尙賢則民爭名。貴貨則盜賊起。見可欲則眞正之心亂。勢利陳則劫奪之途開。」（同上·）又曰「有司設則百姓困。奉上厚則下民貧。壅崇寶貨。飾玩臺榭。食則方丈。衣則龍章。內聚曠女。外多鰥男。採難得之寶。貴奇怪之物。造無益之器。恣不已之欲。非鬼非神。財利安出哉。夫穀帛積則民有饑寒之儉。百官備則坐靡供奉之費。宿衞有徒食之衆。百姓養游手之人。民乏衣食。自給已劇。況加賦斂。重以苦役。下不堪命。且凍且飢。冒法斯濫。於是在乎。」（同上·）此云計情不古。每下愈況。雖能言之成理。要不免有開倒車之嫌。

第四章　儒家思想

緒論

春秋之際。繼道家而以學鳴者其惟儒家乎。太史公曰「書道唐虞之際。詩述殷周之世。安寧則長庠序。先本絀末以禮義防於利。事變多故而亦反是。是以物盛則衰。時極而轉。一質一文。終始之變也。禹貢九州。各因其土地所宜。人民所多少而納職焉。湯武承弊易變。使民不倦。各競競所以爲治。而稍陵遲衰微。」（史記．平準書）班固曰。「洪範八政。一曰食。二曰貨。二者生民之本。食足貨通。然後國實民富。而教化成。堯命四子以教授民時。舜命后稷以黎民祖飢。是爲政首。禹平洪水。定九州。制土田。各因所生遠近。賦入貢棐。楙遷有無。萬國作乂。殷周之盛。詩書所述。要在安民。富而教之。」（漢書．食貨志）此爲儒家經濟思想之先河。「儒家者流。蓋出於司徒之官。」（漢書．藝文志）而「仲尼祖述堯舜。憲章文武。」（中庸語）「修成康之道。述周公之訓。」（淮南子要略論諸子學所出生）故實集儒學之大成。「戰國儒術既絀。然齊魯之間。學者獨不廢也。於宣威之際。孟子荀卿之列。咸尊夫子之業。而潤色之。以學顯於當世。」見史記儒林列傳。

孔子

事略　史記曰「孔子名丘，字仲尼。魯昌平鄉陬邑人。生於周靈王二十一年。卒於周敬王四十一年。年七十三。孔子貧且賤。及長。嘗爲委吏而料量平。嘗爲司職吏而蓄蕃息。定公時。爲中都宰。一年。四方皆則之。後爲司空。爲大司寇。攝行相事。三月。粥羔豚者弗飾賈。男女行者別於塗。塗不拾遺。四方之客至乎邑者。不求有司。皆予之歸。齊人懼。餽魯女樂。季文子受之。三日不朝。孔子遂行。適衛。而陳。而蔡。而葉。道不行。反於魯。」孔子世家。「於是論次詩書。修起禮樂。因魯史作春秋。」史記儒林列傳。「晚而喜易。序彖繫象說卦文言。」史記孔子世家。然此諸書。孔子亦僅整齊世傳。其學說全部結晶於論語。「論語者。孔子應答弟子時人及弟子相與言而接聞夫子之語也。當時弟子各有所記。夫子既卒。門人相與輯而論纂。故謂之論語。」漢書藝文志。

富之觀念　孔子之經濟思想。論語無周密統系之記載。但據之亦可察其思考之鱗爪。彼本注重道德。時以人生哲學支配實際生活。而名論命論。實二種反經濟之動機。彼論名有曰。「富與貴是人之所欲也。不以其道得之。不處也。貧與賤是人之所惡也。不以其道得之。（按王充論衡問孔篇云·得當言去·）不去也。君子去仁。惡乎成名。」（里仁·）論命有曰「死生有命。富貴在天。」（王充論衡命祿篇引此爲孔子語·）又曰「富而可求也雖執鞭之士吾亦爲之。如不可求。從吾所好。」（述而·）

何以「子罕言利。」蓋「君子喻於義。小人喻於利。」（里仁·）「放於利而行。多怨。」（里仁·）爲圖人人肯爲君子。無一小人。故倡喻義而不喻利。以利爲人人所樂。故曰「君子固窮。小人窮斯濫矣。」（衛靈公·）常人心理。孔子亦極了然。彼曰「貧而無怨難。富而無驕易。」（憲問·）所以日日提倡道德。勉人爲善。則世界自然多君子。然身爲公僕。爲圖社羣樂利。如由大處著眼。孔子亦不非議。如「子夏爲莒父宰。問政。子曰。無欲速。無見小利。欲速則不達。見小利則大事不成。」（子路·）是彼僅斥小利。不寧唯是彼且積極去施恩惠。如「子張曰。何謂惠而不費。子曰。因民之所利而利之。斯亦惠而不費乎。」（堯曰·）可知孔子雖不講自私自利之利。然仍講國利民福之利。又如「子適衛，冉有僕。子曰。庶矣哉。冉有曰。既庶矣。又何加焉。曰。富之。曰。既富矣。又何加焉。曰。教之。」（子路·）

孔子原爲道德家。故至禮信與食貨衝突之際。仍以禮信爲重。如「子貢欲去告朔之餼羊。子曰。賜也。

爾愛其羊。我愛其禮」（八佾）「子貢問政。子曰。足食。足兵。民信之矣。子貢曰。必不得已而去。於斯三者何先。曰。去兵。子貢曰。必不得已而去。於斯二者何先。曰。去食。自古皆有死。民無信不立。（顏淵）孔子雖亦重視經濟。然德本。財末。故經濟終較道德有遜色。

價值　財之價值。以人之慾望爲主而定。慾望因充足而緩和。因未充而激烈。故慾望增減。與一定之財成反比。而財之價值。對於同一之人。亦依其分量而成反比。主此者是爲限界效用說。今日經濟學者多奉之。然財之效用。附於物之性質。一定之財。必有一定之用。惟財之價值。生於人之慾望。故雖財之性質無變。效用無變。苟慾望有變。則價值遂變而無定。是財之各部所以有別者。非財之效用。乃財之價值。是卽限界價值說。據荀子法行篇之文。子貢持前說。而孔子則持後說者也。「子貢問於孔子曰。君子之所以貴玉而賤珉者何也。爲夫玉之少而珉之多邪。孔子曰。惡。賜。是何言也。夫君子豈多而賤之。少而貴之哉。夫玉者君子比德焉。温潤而澤。仁也。栗而理。知也。堅剛而不屈。義也。康而不劌。行也。折而不撓。勇也。扣之。其聲清揚而遠聞。其止輟然。辭也。故雖有珉之雕雕。不若玉之章章。詩曰。温如其玉。此之謂也。」以余觀之。孔子專就財之性質而判斷者。子貢則兼就人類對財之性質之慾望而判斷者。然財之效用原爲財之可以充人類慾望之性質。是孔子子貢之說。亦非根本僢馳也。

均富　自從經濟學者之「限界效用說」出。社會主義者之均富主張。於倫理外更得一經濟學上之根據。蓋同量之財。置諸一社會內均之效大否則效小。孔子知其然。故曰「聞有國有家者。不患寡而患不均。不患貧而患不安。」俞樾古書疑義舉例云。按寡貧二字傳寫互易。此本作不患貧而患不均。不患寡而患不安。貧以財言。不均亦以財言。不均則不如無財矣。故不患貧而患不均也。寡以人言。不安亦以人言。不安則不如無人矣。故不患寡而患不安也。春秋繁露度制篇。孔子曰。不患貧而患不均。可據以訂正。蓋「均無貧。和無寡。安無傾。」季氏。董仲舒釋之云「孔子曰。不患貧而患不均。故有所積重則有所空虛矣。大富則驕。大貧則憂。憂則爲盜。驕則爲暴。此衆人之情也。聖者則於衆人之情見亂之所從生。故其制人道而差上下也。使富者足以示貴而不至驕。貧者足以養生而不至於憂。以此爲度而調均之。是以財匱而上下相安。」春秋繁露調均篇。孔子言經濟。專重一均字。其目的在裁抑其所積重而酌劑其所空虛。近人考冉有季路幷無同時仕於季氏之事。頗疑此爲贋。然事實縱繆。而此說確眞。蓋孔子嘗曰「君子周急不繼富。」雍也。可資參證。

消費　孔子論消費之辭。發端於勉勵學者爲多。如曰。「君子食無求飽。居無求安。可謂好學也已。」

學而。「士志於道。而恥惡衣惡食者。未足與議也。」里仁。「損者三樂。樂驕樂。樂佚游。樂宴樂。損矣。」季氏。儒家至重禮。消費亦須準禮。「林放問禮之本。子曰。大哉問。禮與其奢也寧儉。喪與其易也寧戚。」八佾。何以故，「蓋奢則不孫。儉則固。與其不孫也寧固。」述而。彼視禮極重。故答子貢之問謂「貧而無諂。富而無驕。可也。未若貧而樂。富而好禮者也。」學而。

嘗力贊實行其主義者。謂「衣敝縕袍。與衣狐貉者立。而不恥者。其由也與。」子罕。「賢哉回也。一簞食。一瓢飲。在陋巷。人不堪其憂。回也不改其樂。賢哉回也。」雍也。彼自處如何。「飯疏食。飲水。曲肱而枕之。樂亦在其中矣。不義而富且貴。於我如浮雲。」述而。

在此有須注意者。即其儉而非吝。彼曰「如有周公之才之美。使驕且吝。其餘不足觀也已。」泰伯。因彼捨不得禮。故不特不吝。有時稍侈亦無妨。祇須合禮而已。在鄉黨篇有下列之語。殊可以表示其個人消費之習慣與主張。「居必遷坐。食不厭精。膾不厭細。食饐而餲。魚餒而肉敗。不食。色惡不食。臭惡不食。失飪不食。不時不食。割不正不食。不得其醬不食。肉雖多。不使勝食氣。唯酒無量不及亂。沽酒市脯不食。不撤薑食。不多食。祭於公。不宿肉。祭肉不出三日。出三日。不食之矣。食不語。寢不言。雖疏食菜羹。

瓜祭。必齊如也。」上文所講。多合衛生之道。不能譏爲侈習。觀顏路請孔子賣車一事。全以禮爲進退。「顏淵死。顏路請子之車以爲之槨。子曰。才不才。亦各言其子也，鯉也死。有棺而無槨。吾不徒行。而爲之槨。以吾從大夫之後。不敢徒行也。」先進·吾儕又觀其於衣服如何。「君子不以紺緅衣。紅紫不以爲褻服。當暑袗絺綌。必表而出之。緇衣羔裘。素衣麑裘。黃衣狐裘。短右袂。必有寢衣長一身有半。狐貉之厚以居。去喪無所不佩。非帷裳必殺之。羔裘玄冠不以弔。吉月必朝服而朝。」鄉黨·以上言個人消費之標準。以禮爲制裁。

大同　孔子之理想社會。蓋在大同。其言曰。「大道之行也。天下爲公。選賢與能。講信修睦。故人不獨親其親。不獨子其子。使老有所終。壯有所用。幼有所長。矜寡孤獨廢疾者。皆有所養。男有分。女有歸。貨惡其棄於地也。不必藏於己。力惡其不出於身也。不必爲己。是故謀閉而不興。盜竊亂賊而不作。故外戶而不閉。是謂大同。今大道既隱。天下爲家。各親其親。各子其子。貨力爲己。大人世及以爲禮。城郭溝池以爲固。禮義以爲紀。以正君臣。以篤父子。以睦兄弟。以和夫婦。以設制度。以立田里。以賢勇知。以功爲己。故謀用是作。而兵由此起。禹湯文武成王周公由此其選也。是謂小康。」禮記·禮運篇　此一段大同卽今之最新社會主義亦不出其範圍。近人或謂大同爲道家之學。不似儒家之說。（吳虞文錄即主此說。）然孔子既學於老子。（見呂氏春秋不二篇。）自不能不受道家哲學之影響。且曾稱「舜之無爲而治。」（衛靈公。）是并不反對道家之理想社會。惟以此爲高遠難行。故平日論政。僅及小康。罕言大同。及祭畢有感。偶爲門人言之。遂傳於後。劉台拱曰。「風俗升降。聖人亦無如何。此非老氏所能誣。亦非儒者所能諱。」（朱彬禮記訓纂卷九引。）其說極是。

孟子

事略 史記曰。「孟軻鄒人也。受業子思之門人。道既通。游事齊宣王。宣王不能用。適梁。梁惠王不果所言。則見爲迂遠而闊於事情。當是之時。天下方務於合縱連橫。以攻伐爲賢。而孟軻乃述唐虞三代之德。是以所如者不合。退而與萬章之徒。序詩書。述仲尼之意。作孟子七篇。」（孟子傳。）

制產 夫「人莫不飮食也。」「一簞食。一豆羹。得之則生。弗得則死。」故吾儕如厭生固已。否則食務尙矣。孟子知其然。故謂梁惠王曰。「父母凍餓。兄弟妻子離散。」（梁惠王上。）謂齊宣王曰。「樂歲終身苦。凶年不免於死亡。」（梁惠王下。）謂鄒穆公曰。「凶年飢歲。君之民老弱轉乎溝壑。壯者散而之四方者。幾千人矣。」梁惠王下。此卽食飯最要之意。其法卽制民之產。彼曰。無恆產而有恆心者。惟士爲能。若民則無恆產。因無恆心。……是故明君制民之產。必使仰足以事父母。俯足以畜妻子。樂歲終身苦。凶年免於死亡。然後驅而之善。故民之從之也輕。」梁惠王上。孟子之社會倫理觀。乃由物質生活進至精神生活。彼目擊當時貧民無食之慘狀。責鄒穆之有司不訴民苦。「上慢而殘下。」但己亦僅一度請齊發粟。不允再作馮婦。謂子產以乘輿濟人於溱洧。「惠而不知爲政。」知彼不以不普且增人賴心之慈善業務爲然。乃圖總解決。使齊民胥有恆產爲生。恢復井田制度。彼曰。「夫仁政必自經界始。經界不正。井地不均。穀祿不平。是故暴君汚吏。必慢其經界。經界既正。分田制祿。可坐而定也。請野。九一而助。國中什一使自賦。卿以下必有圭田。圭田五十畝。餘夫二十五畝。死徙無出鄉。鄉田同井。出入相友。守望相助。疾病相扶持。則百姓親睦。方里而井。井九百畝。其中爲公田。八家皆私百畝。同養公田。公事畢。然後敢治私事。所以別野人也。」滕文公上。井田之優點。乃民有定產。自食其力。田有定分，豪強不能兼倂。賦有定法。貪暴不能多取。經濟上與政治上之不平。幾盡掃除。孟子時。惟農業爲盛行。此社會問題總可解決十九。考漢書食貨志曰。周室既衰。慢其經界。繇役橫作。政令不信。上下相詐。公田不治。故魯宣公初稅晦。春秋譏焉。（春秋十五年左傳，初稅畝，非禮也，穀出不過藉，以豐財也。公羊傳，譏始履畝而稅也，古者什一而藉。穀梁傳，古者三百步爲里，名曰井田，初稅畝者，非公之去公田，而履畝十取一也。以公之與民爲已悉矣。）於是上貪民怨。災害生而禍亂作。蓋周自東徙。西區故制。既蹂躪於犬戎。而內之諸侯。亦惡籍之害己。而盡去之。魯宣稅畝。即開壞井田之先聲。孟子時已難詳矣。僅引詩小雅作證。謂「由此觀之。雖周亦助也。」然此外絕無古書可考。孟子所載。未必全據古制。抑或古習有似此者。彼推演以完成之云爾。但爲時民之生計計。此制極是。無如「暴君汙吏。必慢其經界。」井田即以此廢。魯哀公謂「二吾猶不足。如之何其徹。」可以代表多數王侯心理。彼等既懼田有定分。賦有定法。不能任意掠奪。況尚有已吞而須吐出者乎。故極力反對。且井田與封建制度相輔車。此時封建制度已動搖。井田自難恢復。以後人庶事繁。井田竟似伯拉圖之理想國。祇可資研討。決難具體倣效。近代西儒軒利佐治倡土地國有論。雖非專指農地。然英國大地主以廣土牧畜。驅巨萬農民於失業。爲狀至慘。依井田制度。土地國有。計口授田。即可免有田不耕與無田可耕之弊。孟子偉見。誠足多也。

保護政策　孟子於井田制產外。主張保護政策。亦係出自悲憫之旨。如彼曰「不違農時。穀不可勝食也。數罟不入汙池。魚鼈不可勝食也。斧斤以時入山林。材木不可勝用也。穀與魚鼈不可勝食。材木不可勝用。是使民養生喪死無憾也。」梁惠王上。又曰。「五畝之宅。樹之以桑。五十者可以衣帛矣。雞豚狗彘之畜。無失其時。七十者可以食肉矣。百畝之田。勿奪其時。數口之家。可以無飢矣。」同上。又曰。「春省耕而補不足。秋省斂而助不給。」告子下。其意以政府於人民。應有善意干涉。故答滕文公問爲國。謂「民事不可緩。」趙注云。「民事不可緩之使怠惰。當以政督趣。教以生產之務。」亦可用爲以上幾條之注解。孟子雖曾贊舜之無治。但實則極認保護政策之效用。不肯放任自然。獎掖漁林。竟似近代文明之邦所行。我國反久不理此。惜哉惜哉。中國曩倡干涉政治者惟周禮一書。其事過繁。至爲街鄰詬誶而設專官。不若孟子僅限於國民生計之鉅者爲得體。孟子謂「所欲與之聚之。所惡勿施爾也」離婁上。施政最爲握要。近世社會主義者。謂凡人都賦有一種基本權利。卽生存權。現社會中多有連此被奪者。救之非主均富不可。至少亦須由國家承認人類之生存權。俾凡不能自活者，得以生存。孟子亦曰「老而無妻曰鰥。老而無夫曰寡。老而無子曰獨。幼而無父曰孤。此四者天下之窮民而無告者。文王發政施仁。必先斯四者。」梁惠王下。但別處又曰。「所謂西伯善養老者。制其田里。教之樹畜。導其妻子。使養其老。」離婁上。是振貧亦須令之自食其力，不徒寄生分利已也。孟子自以其政策之效甚大。謂

「民非水火不生活。昏夜叩人之門戶求水火。無弗與者。至足矣。聖人治天下。使有粟菽如水火。粟菽如水火。而民焉有不仁者乎。」（盡心上。）至昏夜叩門求粟菽無不與者。幾乎人人夢想之共產社會頓現。有恆產即有恆心。粟菽如水火。即無惡人。其旨一貫。均須由社會物質生活上下的根本解決。但孟子於生產雖主各盡所能。而分配尙采各取所值。至此應究孟子分業之說。

分業　孟子詰陳相曰。「以粟易械器者。不爲厲陶冶。陶冶亦以其械器易粟者。豈爲厲農夫哉。且許子何不爲陶冶。舍皆取諸其宮中而用之。何爲紛紛然與百工交易。何許子之不憚煩。然則治天下獨可耕且爲與。有大人之事。有小人之事。且一人之身。而百工之所爲備。如必自爲而後用之。是率天下而路也。故曰。或勞心。或勞力。勞心者治人。勞力者治於人。治於人者食人。治人者食於人。夫物之不齊。物之情也。或相倍蓰。或相什伯。子比而同之。是亂天下也。巨屨小屨同價。人豈爲之哉。從許子之道。相率而爲僞者也。惡能治國家。」（滕文上。）日儒田島錦治謂此章有三要素。「一闡明治者與被治者之分別。二論治者被治者間及被治者農工商間。須行細密分功。並說各人分功交易所生之利益。三說明財物之價格。隨種類分量品質而有高低。此種價格之差別。隨分功與交易兩事。發達產業。向共產與無政府主義下一頂針。所講交易之益。係與撤廢關市征稅之語相表裏。希臘羅馬及歐洲中古之哲家僧侶。反對貿易。鄙視商業。均應受孟子之訓誨。至本文蘊藏無形財貨之生產說。恰似在二千年前已將歐洲十九世紀初期斯密斯派不生產之勞動說。顛覆摧陷。眞是痛快。」要之孟子之政治論。即由其分功說而來。爲何須有治者與被治者之殊。乃緣分功故。分功便須有交易，方見分功之益。交易須講物之價格。即以人工爲本位。如不論工之多少。則與分功理違。強工多者與少者等量受酬。誰能甘心。孟子以許行已承分功。即應不反勞心勞力之別。既計布帛長短。蔴縷絲絮輕重。五穀多寡。屨之大小。別其數量。即應別其質之美惡精粗。更應知其何以相倍蓰相什伯之理。故交易自不能如許行所謂之單簡。陳相引許行之主張。仲言並耕之理。孟子則由經濟貿易上。再證分業之要。認精神勞作。亦係生產之分功。譬彼鉅店宏場。亦須請員協理方可。職未逸於其他勞動者。自孔子責樊遲學爲農爲圃是小人。勉其爲人上之君子。儒家專門學問。即似止有政治一路。孟子所謂大人小人之字眼。亦帶有貴族氣味。頗與民重君輕之論不貫。其他處尚有講分功之理。足與此相發。如曰。「子不通工易事。以羨補不足。則農有餘粟。女有餘布。子如通之。則梓匠輿輪。皆得食於子。於此有人焉。入則孝。出則弟。守先王之道，以待後之學者。而不得食於子。子何尊梓匠輿輪。而輕爲仁義者哉。……有人於此。毀瓦畫墁。其志將以求食也。則子將食之乎。曰否。曰然子非食志也。食功也。」（滕文公下。按孟子此文。酷似墨子魯問篇答吳慮之詞。）又曰。「君子居是國也。其君用之則安富尊榮。其子弟從之則孝悌忠信。不素餐兮。孰大於是」（盡心下。）近人謂「孟子之政治學說。含有樂利主義。萬無可諱。」大體誠然。謂應食功非食志。重結果不重動機。幾與功利哲學相通。故其書涉是者甚多。如對齊宣王云。「君好樂。好獵。好勇。好色。於王何有。惟好樂好獵須念國中有父子不相見。兄弟妻子離散之苦。好勇須安天下之民。好貨須居者有積倉。行者有裹糧。好色須使國中內無怨女，外無曠夫。」彼嘗謂「何必曰利。」（見梁惠王上與告子下。）乃指私利。思想并不矛盾。彼以勞力勞心。社會兩具。生事纔妙。若勞體絕學。則有因襲而無發明。有退化而無演進。有物質享受而無精神娛樂。所以經濟學上分出一種無形財貨之生產。孟子由分功上觀之甚明。即生兩結論。一爲政治組織不能廢。一爲學問研究不可少。

租稅　孟子言經濟專以人民經濟或社會經濟爲主眼。至於財政則以爲應支配於政治。故曰。「無政事則財用不足。」不特財政應支配於政治。若政治不善。且不當征稅。彼曰。「君不鄉道。不志於仁。

而求富之。是富桀也。」告子下又曰。「求也爲季氏宰。無所改於其道。而賦粟倍他日。孔子曰。求非吾徒也。小子鳴鼓而攻之可也。由此觀之。君不行仁政而富之。皆棄於孔子者也。」離婁上然君有道之稅法奚似。彼倡什一之稅率。稽諸歷史。亦均行此。「如夏后氏五十而貢。殷人七十而助。周人百畝而徹。其實皆什一也。」公孫丑下然孟子是助而非貢。曾引龍子曰。「治地莫善於助。莫不善於貢。貢者較數歲之中以爲常。樂歲粒米狼戾。多取之而不以爲虐。則寡取之。凶年糞其田而不足。則必取盈焉。爲民父母。使民盻盻然。將終歲勤動。不得以養其父母。又稱貸而益之。使老稚轉乎溝壑。惡在其爲民父母也。」公孫丑下實則古代稅法。有貢助徹三種。助是井田之九一制。徹是計畝而分之稅法。貢則定其稅率。因年有凶富。而稅率不隨之上下。故不佳。

其稅率既定爲什一。多固不能。少亦不可。如「白圭曰。吾欲二十而取一。何如。孟子曰。子之道貉道也。萬室之用。一人陶可乎。曰。不可。器不足用也。……曰。陶以寡且不可以爲用。況無君子乎。欲輕之於堯舜之道者。大貉小貉也。欲重之於堯舜之道者。大桀小桀也。」告子下彼主用井田制。「八家皆私百畝。同養公田。」滕文公且頗帶有單稅論之色彩。故曰。「有布縷之征。粟米之征。力役之征。君子利其一。緩其二。用其二而民有殍。用其三而父子離。」盡心下。又曰。「市廛而不征。法而不廛。則天下之商皆悅而願藏於其市矣。關譏而不征。則天下之旅皆悅而願出於其路矣。耕者助而不稅。則天下之農皆悅而願耕於其野矣。廛無夫里之布。則天下之民皆悅而願爲之氓矣。」公孫丑上。不寧唯是。且欲卽除其他苛稅。「戴盈之曰。什一。去關市之稅。今玆未能。請輕之。以待來年。然後已。何如。孟子曰。何待來年。」

土地報酬遞減法　孟子於商業主自由競爭。但獨占（monopoly）最爲此障。故斥之綦嚴。彼曰。「古之爲市者。以其所有易其所無者。有司者治之耳。有賤丈夫焉。必求壟斷而登之。以左右望。而罔市利。人皆以爲賤。故從而征之。征商自此賤丈夫始矣。」公孫丑下。夫商人壟斷市利。乃事有必然。故孟子雖不明言輕商。卻實有重農之意。如曰。「入其疆。土地辟。田野治。……則有慶。慶以地。入其疆。土地荒蕪。則有讓。」告子下篇。以是孟子於生產要素之土地。甚爲注重。彼曰「廣土衆民。君子欲之。」盡心上。「齊地不改辟矣。民不改聚矣。行仁政而王。莫之能禦也。」公孫丑上。「諸侯之寶三。土地。人民。政事。」盡心下。由斯究研。乃於土地與生產之連誼。發明一種原則。其言曰「耕者之所獲。一夫百畝。百畝之糞。上農夫食九人。上次食八人。中食七人。中次食六人。下食五人。庶人在官者。其祿以是爲差。」萬章下。此謂一夫受田百畝。加之以糞。其收獲最多者。可供九人用。最低者僅供五人。供九人用之田。全在用力勤與投資鉅。惟繼此再益資力收獲已難更增。此卽馬爾薩氏之土地報酬遞減法。玆將馬孟二說表示於左。以資參證。

馬氏土地報酬遞減法

土地	資本	勞力	收獲額
十畝	十元	十人	十石
十畝	二十元	二十人	二十石
十畝	三十元	三十人	二十五石（相對的限度）
十畝	四十元	四十人	二十五石（絕對的限度）

孟氏土地報酬遞減法

土地	資本	勞力	收獲額
百畝	最少	最少	下食五人
百畝	少	少	中次食六人
百畝	中	中	中食七人
百畝	多	多	上次食九人
百畝	最多	最多	上食九人

荀子

傳略　史記曰。「荀卿趙人。年五十。始來游學於齊。齊襄王時。荀卿最爲老師。齊尙修列大夫之缺。而荀卿三爲祭酒。齊人或讒荀卿。荀卿乃適楚。春申君以爲蘭陵令。春申君死。荀卿廢。因家蘭陵。著書數萬言而卒。」（荀卿傳）

道欲　荀子以物欲爲人生所固有。其類彌多。其程無限。故曰。「凡人有所一同。飢而欲食。寒而欲煖。勞而欲息。好利而惡害。是人之生而有也。是無待而然者也。是禹桀之所同然也。目辨白黑美惡。耳辨聲音清濁。口辨酸鹹甘苦。鼻辨芬芳腥燥。骨體膚理辨寒熱暑疾養。是又人之所生而有也。是無待而然者也。是禹桀之所同也。」（榮辱篇）又曰。「故人之情。口好味。而臭味莫美焉。耳好聲。而聲樂莫大焉。目好色。而文章致繁。婦女莫衆焉。體好佚。而安重閒靜莫愉焉。心好利。而穀祿莫厚焉。合天下之所同願。兼而有之。澤牢天下而制之。若制子孫。人苟不狂惑戇陋者。其誰能睹是而不樂也哉。」（王霸篇）至理名言。句句透入心脾。惟「以所欲爲可得而求之。情之所爲不免也。」（正名篇）「窮年累世不知不足。是人之情也。」（榮辱篇）欲既不可免。則不貴寡欲去欲。欲既不知足。則貴節欲道欲。故曰。「凡語治而待去欲者。無以道欲而困於有欲者也。凡語治而待寡欲者。無以節欲而困於多欲者也。」（正名篇）道之節之。又有主客二法。主觀方法惟在於心。故曰「欲不待可得而求者從所可。欲不待可得所受乎天也。求者從所可受乎心也。「天性有欲心爲之節制」此九字今本闕。今據久保愛所據宋本及韓本增。……故欲過之而動不及。心止之也。心之所可中理。則欲雖多奚傷於治。欲不及而動過之。心使之也。心之所可失理。則欲雖寡奚止於亂。故治亂在於心之所可。亡於情之所欲。」正名篇。客觀方法惟在於禮。故曰「禮起於何也。人生而有欲。欲而不得。則不能無求。求而無度量分界。則不能不爭。爭則亂。亂則窮。先王惡其亂也。故治禮義以分之。以養人之欲。給人之求。使欲必不窮於物。物必不屈於欲。兩者相待而長。是禮之所以起也」禮論篇。惟有言者。荀子所謂度量分界。乃指貴賤貧富長幼知愚能不能之別。以爲人類身分境遇年齡材質上萬有不齊。各應於其不齊者以爲物質上享用之差等。是謂各得其宜。是謂義。將此演爲公認共循之制度。是謂禮。荀子以爲只須將禮制定。教人「各安本分」則在社會上相處。不至起爭奪。爲個人計。亦可以知足少惱。故曰「以羣則和。以獨則足。」榮辱篇。彼承認人類天然不平等。而謂各還其不平等之際。斯爲眞平等。故曰。「夫貴爲天子。富有天下。是人之所同欲也。然則從人之欲。則勢不能容。物不能贍也。故先王案爲之制禮義以分之。使有貴賤貧富之等。長幼之差。知愚能不能之分。皆使人載其事而各得其宜。然後使穀祿多少厚薄之稱。……故或祿天下而不自以爲多。或監門御旅。抱關擊柝。而不自以爲寡。故曰。「斬而齊。枉而順。不同而一。」（榮辱篇）又曰。「分均則不偏。（偏當作徧）勢齊則不一。衆齊則不使。夫兩貴之不能相事。兩賤之不能相使。是天數也。勢位齊而欲惡同。物不能贍。則必爭。爭則必亂。亂則窮矣。先王惡其亂也。故制禮義以分之。使有貧富貴賤之等足以相兼臨者。是養天下之本也。書曰。維齊非齊。此之謂也。」（王制篇）然則荀子此說之價值何也。曰長幼知愚能不能之差別。吾儕絕對承認之。至於貴賤貧富之差別。非天所宜有。其理甚明。此差別從何而來。荀子曰。「雖王公士大夫之子孫。不能屬於禮義。則歸之庶人。雖庶人之子孫也。積文學。正身行。能屬於禮義。則歸之卿相士大夫。故人之謹注錯。愼習俗。大積靡。則爲君子矣。縱性情而不足學問。則爲小人矣。爲君子則常安樂。爲小人則常危辱矣。凡人莫不欲安樂而惡危辱。故君子爲能得其所好。小人則日徼其所惡。」（王制篇）是荀子之意。以君子小人作貴賤貧富之標準。此說吾儕固認爲合理。然此合理之標準何以能實現。惜荀子未能予吾儕以滿意之保障也。

天論　天然與經濟關係甚密。夫人而知。惟人爲天然所支配。抑天然究爲人所征服。論者不一其辭。

荀子則倡戡天論者。其言曰。「天行有常。不爲堯存。不爲桀亡。強本而節用。則天不能貧。養備而動時。則天不能病。修道而不貳。則天不能禍。」天論。此言天行與人事無關。又曰。「大天而思之。孰與物畜而制裁之。從天而頌之。孰與制天命而用之。望時而待之。孰與應時而使之。因物而多之。孰與聘能而化之。思物而物之。孰與理物而勿失之也。願於物之所以生。孰與有物之所以成。故錯人而思天。則失萬物之情。」天論。此言人事當與天行相爭。荀子天論。不特道家由天之說。墨家天志之義。皆在所排斥。卽向來儒家相承之舊說。亦悉在摧陷掃蕩而無餘。其識量之偉。魄力之雄。殆非餘子所敢望。此不僅儒家之路德。實可爲中國學術界之倍根也。

人口　孔孟於徠民政策。均有講究。荀子之意。則頗不與之一致。彼欲人之感吾德而舉地誠服。非以力征。亦不許就食吾土。故曰。「凡兼人者有三術。有以德兼人者。有以力兼人者。有以富兼人者。彼貴我聲名。美我德行。欲爲我民，故辟門除塗以近吾人。因其門。襲其處。而百姓皆安。立法施令。莫不順比。是故得地而權彌重。兼人而兵愈強。是以德兼人者也。非貴我名聲也。非美我德行也。彼畏我威。劫我勢。故民雖有離心。不敢有畔慮。若是則戎甲愈衆。奉食必費。是故得地而權彌輕。兼人而兵愈弱。是以力兼人者也。非貴我名聲也。非美我德行也。用貧求富。用飢求飽。虛腹張口。來歸我食。若是則必發夫掌窌之粟以食之。委之財貨以富之。立良有司以接之。已朞三年。然後民可信也。是故得地而權彌輕。兼人而國愈貧。是以富兼人者也。故曰。以德兼人者王。以力兼人者弱。以富兼人者貧。古今一也。」議兵篇。

荀子主以德兼人。頗與蘇聯標扶助世界弱小民族之幟。使異國與之同化。然後據爲聯邦一員相似。而美州之嚴禁華僑入境。似亦與荀子之道不遠。雖然。荀子謂物品增加之速率。遠在人口增加以上。其辭曰。「今是土之生五穀也。人善治之。則畝數盆。一歲而再獲之。然後瓜桃棗李一本數以盆鼓。然後葷菜百蔬以澤量。然後六畜禽獸一而剸車。黿鼉魚鱉鰌鱣以時別。一而成羣。然後飛鳥鳧雁若烟海。然後昆蟲萬物生其間。可以相食養者。不可勝數也。夫天地之生萬物也。固有餘足以食人矣。麻葛繭絲。鳥獸之羽毛齒革也。固有餘足以衣人矣。」富國篇。「君者善羣也。羣道當則萬物皆得其宜。六畜皆得其長。羣生皆得其命。故養長時則六畜育。殺生時則草木殖。政令時則百姓一。賢主服。聖王之制也。草木榮華滋碩之時。則斧斤不入山林。不夭其生。不絕其長也。黿鼉魚鱉鰌鱣孕別之時。網罟毒藥不入澤。不夭其生。不絕其長也。春耕夏耘。秋收冬藏。四者不失時。故五穀不絕而百姓有餘食也。污池淵沼川澤。謹其時禁。故魚鼈優多。而百姓有餘用也。斬伐養長。不失其時。故山林不童。而百姓有餘財也。」（王制篇） 此篇孟子曾發之。而荀子尤為深切著明。西儒加雷氏。亦有見於茲。

分業　夫粟稼而生者也。若布與帛。必蠶織而後成者也。其他所以養生之具。皆待人力而後完也。吾皆賴之。然人不可偏為。宜乎各致其能以相生。荀子知其然。故曰「萬物同宇而異禮。無宜而有用為人。數也。人倫並處。同求而異道。同欲而異知。生也。皆有可也。知愚同。所可異也。知愚分。……故百技所成。所以養一人也。而能不能兼技。人不能兼官。離居不相待則窮。羣而無分則爭。窮者患也。爭者禍也。救患除禍。則莫若明分使羣矣。……爭業所惡也。功利所好也。職業無分。如是則人有樹事之患。而有爭功之禍矣。」（富國篇） 「君子之所謂賢者。非能偏能人之所能之謂也。君子之所謂知者。非能偏知人之所知之謂也。有所正矣。相高下。視墝肥。序五種。君子不如農人。通財貨。相美惡。辨貴賤。君子不如賈人。設規矩。陳繩墨。便備用。君子不如工人。」（儒效篇） 「農分田而耕。賈分貨而販，工分事而勸。士大夫分職而聽。建國諸侯之君。分土而守。三公總方而議。則天子共己而已。」（王霸篇） 蓋分業非俟聖人起而後為之設施也。非前知其能生財而後分之若此也。起於不得不然也。夫人生而有欲。其所以養此欲者。求之一人之身不能備也。故人必各審其耳目手足之所最宜。各操一術焉以爲通功易事之事。而後有濟。此墨子耕柱篇所謂「譬若築牆然。能築者築。能實壤者實壤。能欣者欣。然後牆成」也。

交易　近儒謂甲乙以酒餠互易，蓋緣餠於甲之値大於酒於甲。酒於乙之値大於餠於乙。不交易値不增也。交易而增値。是交易能生產財富。何也。以其能加增效用也。農家之說則不然。曰「貿易者同等價値之交換。不能生產也。必謂生產。其一受虧一便宜之時。便宜者之謂乎。」荀子論交易則正與之共鳴。彼曰。「易者以一易一。人曰無得亦無喪也。以一易兩。人曰無喪而有得也。以兩易一。人曰無得而有喪也。計者取所多。謀者從所可。以兩易一。人莫之爲。明其數也。」正名· 西土農家曰。「國皆有能產之物。有不能產之物。貿易者一便利之事而已。重商者致全力於國外貿易。而皆自以爲得。豈不怪哉。」荀子輕商重農。亦與之共鳴。曰。「商賈衆則國貧。省商賈之數。則國富矣。」富國· 「省工賈。衆農夫。禁盜賊。除姦邪。是所以生養之也。」君道篇· 知務本禁末之爲多材也。是卿相輔佐之材也。」同上· 「楛耕傷稼。耘耨失薉。政險失民。田薉稼惡。糴貴民飢。道路有死人。夫是之謂人祆。」天論篇· 農家曰。「商人之買賣。是耗財費力之事。爲無益之舉。一切交換。惟農業是耕者至消費者一級爲有用。」蓋耕者之產。

若不消費。是廢產也。荀子之主直接交易。亦與之共鳴。曰「通流財物。粟米無有滯留。使相歸移也。四海之內若一家。故近者不隱其能。遠者不疾其勞。無幽閒隱僻之國。莫不趨使而安樂之。夫是之謂人師。是王者之法也。北海則有走馬吠犬焉。然而中國得而畜使之。南海則有羽翮齒革曾青丹干焉。然而中國得而財之。東海則有紫紶魚鹽焉。然而中國得而衣食之。西海則有皮革文旄焉。然而中國得而用之。故澤人足乎木。山人足乎魚。農夫不斲削。不陶冶。而足械用。工賈不耕田而足菽粟。故虎豹為猛矣。然而君子剝而用之。故天之所覆。地之所載。莫不盡其美。致其用。下以養百姓。而安樂之。夫是謂之大神。詩曰。天作高山。大王荒之。彼作矣。文王康之。此之謂也。」王制篇。

消費　消費之主體上。可區為公經濟的消費與私經濟的消費二種。然公經濟之所得。大部分出於私經濟之貢獻。苟公經濟之消費增。而私經濟之消費必漸減。甚則私經濟之貯蓄力購買力因而缺乏之。而生產力於焉不振。故政繁賦重之國。民力彫敝。產業不振。荀子知其然。故曰。「足國之道。節用裕民。而善藏其餘。」富國篇。此卽其消費論之總綱。細為籀繹。則彼所謂善藏其餘者。卽「人之生也。方知畜雞狗豬彘。又蓄牛羊。然而食不敢有酒肉。餘刀布。有囷窌。然而衣不敢有絲帛。約者有筐篋之藏。然而行不敢有輿馬。是何也。其不欲也。幾不長慮顧後。而恐無以繼之故也。是於己長慮顧後。幾不甚善矣哉。」（榮辱篇）所謂節用以禮者。即「故爲彫琢刻鏤黼黻文章使足以辨貴賤而已。不足其觀。爲之鐘鼓管磬琴瑟竽笙。使足以辨吉凶合歡定和而已。不求其餘。爲之宮室臺榭。使足以避燥濕養德辨輕重而已。不求其外。」（富國篇）所謂裕民以政者。即「關市幾而不征。質律禁止而不偏。如是則商賈莫不敦慤而無詐矣。百工將時斬伐。佻其期日。而利其巧任。如是則百工莫不忠信而不楛矣。縣鄙輕田野之稅。省刀布之斂。罕舉力役。無奪農時。如是則農夫莫不朴力而寡能矣。商賈敦慤無詐。則商旅安貨通財而國求給矣。百工忠信而不楛。則器用巧便。而財不匱矣。農夫朴力而寡能。則上不失天時。下不失地利。中得人和。而百事不廢。」（王霸篇）條理井然。瞭如指掌。洵理財界之巨擘。彼又曰「知節用裕民則民富。民富則田肥以易。田肥以易則出實百倍。而有富厚丘山之積矣。不知節用裕民則民貧。民貧則田瘠以穢。田瘠以穢則出實不半。而有空虛窮乏之實矣。」（富國篇）是節用足增母財。母增而子益厚。浪費則耗母財。母耗而子益乏。於經濟學甚多發明。

結論

韓非曰「世之顯學。儒墨也。儒之所至。孔丘也。自孔子之死也。有子張之儒。有子思之儒。有顏氏之儒。有孟氏之儒。有漆雕氏之儒。有仲良氏之儒。有孫氏之儒。有樂正氏之儒。故孔子之後。儒分為八。取舍相反不同。而皆自謂眞孔。孔子不可復生。將誰使定後世之學乎。」（顯學篇）今僅孟孫有書傳。後餘莫能詳。孟孫之學。起點雖有偏心偏物之殊。然終極亦甚一致。班固曰「昔先王之制。自天子公侯卿大夫士至於皂隸抱關擊柝者。其爵祿奉養宮室車服棺槨祭祀死生之制。各有差品。小不得僭大。賤不得踰貴。夫然。故上下序而民志定。於是辨其土地川澤邱陵衍沃原隰之宜。教民種樹畜養。五穀六畜及至魚鼈鳥獸雈蒲材幹器械之資。所以養生送終之具。靡不皆育。育之以時。而用之有節。草木未落。斧斤不入於山林。豺獺未祭。罝網不布於埜澤。鷹隼未擊。矰弋不施於徯隧。既順時而取物。然猶山不茌蘖。澤不伐夭。蝝魚麛卵。咸有常禁。所以順時宣氣。蕃阜庶物。稸足功用。如此之備也。然後四民因其土宜。各任智力。夙興夜寐。以治其業。相與通功易事。交利而俱贍。非有徵發期會。而遠近咸足。……各安其居。而樂其業。甘其食而美其服。雖見奇麗紛華。非其所習。辟猶戎翟之與于越。不相入矣。是以欲寡而事節。財足而不爭。於是在民上者。道之以德。齊之以禮。故民有恥而且敬。貴誼而賤利。此三代之所以直道而行。不嚴而治之大略也。」（漢書貨殖傳敍）此雖云三代治天下之大略。而實儒家經濟思想之結晶。

余按荀子曰。「儒術誠行。則天下大而富使有功。」（富國篇）其辭浮夸。不足深信。墨子曰。「儒之道足以喪天下者四政焉。儒以天爲不明。以鬼爲不神。天鬼不說。此足以喪天下。又厚喪久喪。重爲棺槨。多爲衣衾。送死若徙。三年哭泣。扶然後起。杖然後行。耳無聞。目不視。此足以喪天下。又絃歌鼓舞。習爲聲樂。此足以喪天下。又以命爲有。貧富壽夭治亂安危有極矣。不可損益也。爲上者行之。必不聽治矣。爲下者行之。必不從事矣。此足以喪天下。」（公孟篇）評多中肯。然亦不無過甚之詞。

第五章　墨家思想

緒論

韓非曰。「世之顯學。儒墨也。墨之所至。墨翟也。」（顯學篇。）蓋墨學始於大禹。（按本書公孟篇曰。法周未法夏。非古也。淮南要略曰。墨子背周道而用夏政。卽其明證。）傳於尹佚。（按漢書藝文志。墨家尹佚二篇。周臣。在成康時也。）至墨子而益發揚光大。（按墨子魯問篇曰。凡入國必擇務而從事焉。國家昏亂。則語之尚賢尚同。國家貧。則語之節用節葬。國家憙音湛湎。則語之非樂非命。國家淫僻無禮。則語之尊天事鬼。國家務奪侵陵。則語之兼愛非攻。故曰擇務而從事焉。可知墨學雖來有自。其顯大則時勢然也。）司馬談曰。「彊本節用。則人給家足之道也。此墨子之所長。雖百家弗能廢也。」（論六家要旨。）故墨子對於經濟學。甚多貢獻。莊周曰。「相里勤之弟子五侯之徒。南方之墨者苦獲己齒鄧陵子之屬。俱誦墨經。而倍譎不同。相謂別墨。」（天下篇。）韓非曰。「墨子之死也。有相里氏之墨。有相夫氏之墨。有鄧陵氏之墨。取舍相反不同。而皆自謂眞墨。」（顯學篇。）惜乎其書不傳。漢書藝文志有我子一篇。（顏師古注曰。爲墨子之學。）隨巢子六篇。（原註曰。墨翟弟子。）其書亦亡。

墨子

事略　史記曰「墨翟宋之大夫。善守禦。爲節用。或曰并孔子時。或曰在其後。」孟子荀卿傳。蓋其年代出處。史遷已不能詳。生於魯。據孫詒讓墨子閒詁所考定。「與子思同時。生時當在其後。蓋生於周定王之初。卒於安王之末。」孫詒讓墨子閒詁序。著書七十一篇。見漢書藝文志。

交利　孟子曰。「墨子兼愛。摩頂放踵利天下爲之。」盡心篇上。故利之一字實墨子學說之綱領。破除此義。則墨學之中堅遂陷。而其說無一成立。此不可不察也。茲將墨子所定「利」之界說。條舉如左。

(一)凡事利人而利己者謂之利。虧人以自利者謂之不利。故曰。「吾不識孝子之爲親度者。亦欲人愛利其親與。意欲人之惡賊其親與。以說觀之。卽欲人之愛利其親。然卽吾惡先從事旣得此。若我先從事乎愛利人之親。然後人報我以愛利吾親乎。意我先從事乎惡賊人之親。然後人報我以愛利吾親乎。卽必吾先從事愛利人之親。然後人報我以愛利吾親也。」兼愛下。「聖人以治天下爲事者也。不可不察亂之所自起。當察亂何自起。起不相愛。……子自愛不愛父。故虧父而自利。弟自愛不愛兄。故虧兄而自利。臣自愛不愛君。故虧君而自利。……父自愛也不愛子。故虧子而自利。兄自愛也不愛弟。

故虧弟而自利。君自愛也不愛臣。故虧臣而自利。……盜愛其室不愛異室。故竊異室以利其室。賊愛其身不愛人。故賊人以利其家。諸侯各愛其國。不愛異國。故攻異國以利其國。」（兼愛上。夢按亞丹斯密原富曰。個人由其自圖己利。往往較之眞謀公益之人。更可增進社會公益。適與墨子之言相反。然觀於個人可由賭博及欺詐以得財之事。是自利不常能增加國家財富。斯密誤矣。）是知墨子固認利己心乃人類所本有。但欲利己必先利人迺可。否則利己而不利於人甚至虧人以自利。則社會罪惡之所謂「乖忤詐欺盜竊篡奪戰爭」者。（兼愛中。）自必應運俱來。其爲不利孰甚。

（二）凡事利多害少者謂之利。利少害多者謂之不利。故曰「斷指以存擊。利之中取大。害之中取小也。害之中取小者。非取害也。取利也。」（大取。）又曰「飾攻戰者言曰。南則荊吳之王。北則齊晉之君。始封於天下之時。其土之方。未至有數百里也。人徒之衆。未至有數十萬人也。以攻戰之故。土地之博。至有數千里也。人徒之衆。至有數十百萬人。故當攻戰而不可不爲也。子墨子曰。雖四五國而得利焉。猶之非行道也。辟若醫之藥人有病者然。今有醫於此。和合其祝藥之於天下之有病者而藥之。萬人食之。若醫四五人得利焉。猶謂之非行藥也。」（非攻中。）是魚肉多數以利少數。墨子絕不爲然。反之若少數爲多數而犧牲。墨子且毅然嘉許。故曰。「殺己以存天下。是殺己以利天下。」（大取。）由一人視之。殺己固云不利。但「以利天下」故。墨子亦不惜倡之。英人邊沁氏主張樂利主義。以最大多數之最大幸福爲道德準標。誠東西聖人同心同理矣。

以此之故。墨子於社會之經濟生活。亦主交利周濟。而以吝財自私爲大戒。彼曰。「使其一士者執別。使其一士者執兼。是故別士之言曰。吾豈能爲吾友之身若爲吾身。爲吾友之親若爲吾親。是故退睹其友。飢即不食。寒即不衣。疾病不侍養。死喪不葬埋。別士之言若此。行若此。兼士之言不然。行亦不然。曰。吾聞爲高士於天下者。必爲其友之身若爲其身。爲其友之親若爲其親。然後可以爲高士於天下。是故退睹其友。飢則食之。寒則衣之。疾病侍養之。死喪葬埋之。兼士之言若此行若此。……吾本原兼之所生。天下之大利者也。吾本原別之所生。天下之大害者也。以兼爲正。是以聰耳明目相與視聽乎。是以股肱畢強相爲動宰乎。而有道肆相教誨。是以老而無妻子者。有所侍養以終其壽。幼弱孤童之無父母者。有所放依以長其身。」兼愛篇 近世社會學者以爲凡人俱負有一種基本義務。即勞動義務。在資本制度之社會內。此既勞動而不得生存。彼又不勞而獲。生事殊優。故近今俄德等國帶社會主義色彩之憲法內。勞動義務。至列爲憲條之一。黑子直認勞作與否爲人禽之分野。故曰「人固與禽獸麋鹿蜚鳥貞蟲異者也。今之禽獸麋鹿蜚鳥貞蟲。因其羽毛以爲衣裳。因其蹄蚤以爲絝屨。因其水草以爲飲食。故唯使雄不耕稼樹藝。雌不紡績織紝。衣飲之財固以具矣。今人與此異者也。賴其力者生。不賴其力者不生。君子不強聽治。卽刑政亂。賤人不強從事。卽財用不足。」非樂上。因之墨子主張強制工作。「不賴其力者不生。」蓋「不與其勞獲其實。已非其有而取之。」天志下。則是虧人自利。苟虧人自利。社會卽當按程制裁。國家卽當量分懲罰。墨子曰「有一人入人園圃。竊其桃李。衆聞則非之。上爲政者得則罰之。此何也。以虧人自利也。至攘人犬豕雞豚者。其不義又甚入人園圃竊桃李。是何故也。以虧人滋甚。罪益厚。至入人欄廄取人馬牛者。其不仁義又甚攘人犬豕雞豚。此何故也。以其虧人愈多。苟虧人愈多。其不仁玆甚。罪益厚。至殺不辜人也。拖其衣裘取戈劍者。其不義又甚入人欄廄取人馬牛。此何故也。以其虧人愈多。苟虧人愈多。其不仁玆甚矣。罪益厚。」非攻上。墨子嚴禁不勞而獲。虧人自利。固由人與禽獸不同。然其時游民之甚。亦足促之。觀「越王勾踐有君子六千人。」他可推知。故勞動者之痛苦加重。所以墨子曰。「今有人於此。有子十人。一人耕。九人處。則耕者不可以不益急矣。何則。食者重而耕者寡也。」貴義。故爲掃除寄生蟲計。不得不向此下一頂針。然墨子以爲天下之不勞而獲者。

莫儒者與樂師若、故曰。「夫繁飾禮以淫人。久喪僞哀以謾親。立命緩貧而高洪居、倍本棄事而安怠傲。貪於飲食。惰於作事。陷於飢寒。危於饑餒。無以違之。是若人氣。鼸鼠藏。而羝羊視。賁彘起。君子笑之。怒曰。散人焉知良儒。夫夏乞麥禾。五穀既收。大喪是隨。子姓皆得厭飲食。數喪足以至矣。因人之家以為膟。恃人之野以為尊。富人有喪。乃大喜曰。此衣食之端也。」非儒下。夢按荀子修身篇云。偷儒憚事。無廉恥。而嗜飲食。則可謂惡少矣。儒效篇云。呼先王以欺愚者。而求衣食焉。得委積足以揜其口。則揚揚如也。是俗儒也。均足與此相發。吾儕由孔丘「四體不勤。五穀不分。」見論語。「不耕而食。不織而衣。」見莊子盜跖篇。孟子「后車數十。從者數百。傳食諸侯。不以為泰。」見滕文公下。可知儒家之飽食終日。無所用心。眞詩人所謂碩鼠。烏能勿非。

墨子以樂師為害於經濟社會。亦不亞儒者。故曰。「昔者齊康公興樂萬人。不可衣短褐。不可食糟糠。曰食飲不美。面目顏色不足視也。衣服不美。身體從容不足觀也。是以食必粱肉。衣必文繡。此不常從事乎食衣之財。而常食乎人者也。是故子墨子曰。今王公大人惟毋為樂虧奪民衣食之財以拊樂如此多也。是故子墨子曰。為樂非也。」非樂上。墨子以優伶既不事生產。而衣食又須美善。誠人類之大宗消費機。故特著文非之。然理不惟是。故曰。「今王公大人惟毋處高臺厚榭之上而視之。鐘猶是延鼎也。弗撞擊將何樂得焉哉。其說將必撞擊之惟毋撞擊。將必不使老與稺者。老與稺者耳目不聰明。股肱不畢強。聲不調和。眉不轉利。將必使當年因其耳目之聰明。股肱之畢強。聲之調和。眉之轉利。使丈夫爲之。廢丈夫耕稼樹藝之時。使婦人爲之。廢婦人紡績織紝之事。今王公大人惟毋爲樂。虧奪民衣食之時以拊樂如此多也。是故子墨子曰。爲樂非也。」非樂上。夫作樂「不使老稺」必須當年方能勝任。當年勞力最富。今不事生產。徒營寄生生活。其不利於社會經濟爲何如。故墨子特非之。

墨子於衆人固倡「不勞而獲賴力則生」之主義。至訓練黨徒。卻進主極勞說。「墨子稱道曰。昔者禹之湮洪水。決江河。而通四夷九洲也。禹親自操橐耜。而九雜天下之川。腓無胈。脛無毛。沐甚雨。櫛疾風。置萬國。禹大聖也。而神勞天下也如此。使後世之墨者。多以裘褐爲衣。以跂蹻爲服。日夜不休。以自苦爲極。曰不能如此。非禹之道也。不足爲墨。」莊子天下篇。所謂「不休苦極」誠不免過勞之嫌。其以爲黨綱。全由實行墨經所謂「士損己而益所爲之任字功夫」所致。至過勞爲害。墨子亦甚知之。故曰。「昔者吳王東伐越。棲諸會稽。西伐楚。葆昭王於隨。北伐齊。取國太子以歸於吳。諸侯報其讎。百姓苦其勞。而弗爲用。是以國爲虛戾。身爲刑戮也。」魯問篇。「人之所得於病者多方。有得之寒暑。有得之勞苦、」（公孟篇）夫馬傌而不稅、弓張而不弛、無乃非有血氣者所能至。故過勞之害。大亡家國。小致疾病。墨子知之綦詳。特以休息爲人生之必要。故曰。「民有三患、飢者不得食。寒者不得衣。勞者不得息。三者民之巨患也。」（非樂上）又曰。「國家治則刑法正。官府實則萬民富。內有以食飢息勞。將養其萬民。外有以懷天下之賢人。是故外者諸侯與之。內者萬民親之。」（尚賢中）其重休息可知。

墨子於人主「賴力則生。」持己則「自苦爲極。」人格偉大。眞足以「奮乎百世之上。百世之下。聞者莫不興起矣。」然儒者以墨子無事自擾。易辭而言。卽凡事均由命定。吾儕儘可聽其自然。不則徒勞無功。故儒者曰。「壽夭貧富。安危治亂。固有天命。不可損益。窮達賞罰幸否有極。人之知力。不能爲焉。」（非儒下）又曰。「命富則富。命貧則貧。命衆則衆。命寡則寡。命治則治。命亂則亂。命壽則壽。命夭則夭。人雖勁強何益哉。」（非命上。按莊子德充符篇引仲尼曰。死生存亡。窮達貧富。賢與不肖。毁譽飢渴寒暑。是事之變。命之行也。足與是相證。）故「三代之窮民。楚恭儉而好簡易。貪飲食而惰從事。衣食之財不足。使身致有飢寒凍餓之憂。不曰我罷不肖。我從事不疾。必曰我命固且窮、」（非命中）墨子則以爲「強執此者。此特凶言之所自生。而暴人之道也。」（非命上）故著論非之云。「今也王公大人之所以早朝晏退。聽獄治政。終朝均分而不敢怠息者何也。曰彼以爲強必治。不強必亂。強必寧。不強必危。故不敢怠倦。今也卿大夫之所以竭股肱之力。殫其思慮之知。內治官府。外斂關市山林澤梁之利，以實官府。而不敢怠倦者何也。曰彼以強必貴。不強必賤。強必榮。不強必辱。故不敢怠倦。今也農夫之所以早出暮入。強乎耕稼樹藝。多聚菽粟而不敢怠倦者何也。曰彼以爲強必富。不強必貧。強必飽。不強必飢。故不敢怠倦。今也婦人之所以夙興夜寐。強乎紡績織紝。多治麻絲葛紵捆布縿。而不敢怠倦者何也。曰彼以爲強必富。不強必貧。強必煖。不強必寒。故不敢怠倦。今惟毋在乎王公大人若信有命而致行之。則必怠乎聽獄治政矣。卿大夫必怠乎治官府矣。農夫必怠乎耕稼樹藝矣。婦人必怠乎紡績織紝矣。王公大人怠乎聽獄治政。卿大夫怠乎治官府。則我以爲天下必亂矣。農夫怠乎耕稼樹藝。婦人怠乎紡績織紝。則我以爲天下衣食之財。將必不足矣。」（非命下）

以墨子之詞鋒。摧陷儒宗之謬誤。自屬綽有餘裕。毋勞吾儕申辯。

人口　夫「一年之計。莫如樹穀。十年之計。莫如樹木。終身之計。莫如樹人。一樹一穫者。穀也。一樹十穫者。木也。一樹百穫者。人也。」故墨子於人口論之態度。頗與斯密斯謂「國家最繁盛之證在其住民之增加」相似。質言之。「即欲民之衆而惡其寡。」（辭過篇）但民焉能衆。彼以爲其法有二。積極方面則主早婚。故曰「孰爲難倍。惟人爲難倍。然人有可倍也。昔者聖王爲法曰。丈夫年二十。毋敢不處家。女子年十五。毋敢不事人。（按周禮媒氏掌萬民之判。令男三十而娶。女二十而嫁。與此頗異。雖家語載孔子曰。夫禮言其極耳。不是過也。男子二十而冠。有爲人父之端。女子十五許嫁。有適人之道。是孔子以三十二十爲限。而墨子以二十十五爲極。仍不同。）此聖王之法也。聖王既沒。於民恣也。其欲蚤處家者。有所二十年處家。其欲晚處家者。有所四十年處家。以其蚤與其晚相踐。後聖王之法十年。若純三年而字。子生可以二三子矣。此不爲使民蚤處家而可以倍與」（節用上。）由上十年可以生子二三觀之。則墨子人口論較諸馬爾塞斯人口增加率（卽人口增加若無制限。每二十五年必倍之。）更速。徵之事實。恐難深信。子墨子又曰。「荊國有餘於地。而不足於民。」（耕柱。）「今天下好戰之國齊晉楚越。若使此四國者得意於天下。此皆十倍其國之衆。而未能食其地也。」（非攻下。）可知地廣民稀。實爲當時實情。則墨子定「丈夫二十處家。女子十五事人」之制。足增人口以興實業。固持有故。故秦政以後。政府常定爲法令以行之。如漢惠帝「令女子十五以上不嫁者五算。」（五倍其丁稅。）晉武帝泰始九年制「女年十七。父母不嫁者。長吏配之。」唐太宗貞觀元年詔「男年二十女年十五以上無家者。州縣以禮聘娶。」明洪武元年詔「男年十六。女年十四以上。幷聽婚娶。」清制與之同。（見大清通禮。）最甚者。周武帝建德三年下詔「男年十五女年十二以上。……所在軍民。以時嫁娶。」唐開元制與是同。民間大率奉行不違。如古詩云。「十四爲君婦。羞顏未嘗開。」「憶爲君家婦。生來十三五。」「十五嫁爲盧家婦。十六生兒字阿兒。」「娉娉嫋嫋十三餘。荳蔻梢頭二月初。」「洛陽女兒對門居。纔可容顏十五餘。」即其證也。惟漢書王吉傳云。「世俗嫁娶太早。未知爲人父母之道而有子。是以教化不明而多夭。」言亦成理。善夫宋律定「男子年十六至三十。女子年十四至二十。皆得成婚。」允足維護婚者及其後嗣之健康。故今法蘭西法亦定男年十八。女年十五爲婚期。日本法定男年十七。女年十五爲婚期。彼西儒亞里士多德以女年自十四至五十。男年自三十七至七十爲婚期。說至乖繆。夫豈待言。

上述墨子衆民之積極法竟。今請進而論其消極法焉。彼曰。「凡回於天地之間。包於四海之內。天壤之情。陰陽之和。莫不有也。雖至聖不能更也。何以知其然。聖人有傳。天地也則曰上下。四時也則曰陰陽。人情也則曰男女。禽獸也則曰牡牝雌雄也。眞天壤之情。雖有先王不能更也。雖上世必蓄私。不以傷行。故民無怨。宮無拘女。故天下無寡夫。內無拘女。外無寡夫。故天下之民衆。當今之君。大國拘女累千。小國拘女累百。是以天下之男多寡無妻。女多拘無夫。男女失時。故民少。君實欲民之衆而惡其寡。

當蓄私不可不節。」（辭過。）墨子知男女人之大慾存焉。故蓄私無傷於行。惟應有節。若大國拘女累千。小國累百。則天下多寡夫。衆民胡自。故最善莫如無拘無寡。即一夫一妻制也。

衆民不徒早婚與節私有效。而減少死率。功亦相等。墨子以寡人之道莫戰爭若。故非攻曰。「大人惟毋興師以攻伐鄰國。久者終年。速者數月。男女久不相見。此所謂寡人之道也。又與居處不安。飲食不時。作疾病死者。又與侵𪗋傒橐。攻城野戰。死者不可勝數也。此非今爲政者。所以寡人之道數術而起與。」（節用上。）又曰。「今不嘗觀其好攻伐之國。若使中興師。君子庶人也。必且數千。然後足以師而動矣。然而又與其散亡道路。道路遼遠。糧食不繼。乖飲食之時。廝役以此飢寒凍餒疾病而轉死溝壑中者。不可勝計也。此其爲不利於人也。天下之害厚矣。而王公大人樂而行之。則此樂賊滅天下之萬民也。豈不悖哉。」（非攻下。）此非學者憑空杜撰。故爲危言。試即以史記白起傳證之。（文長不具引。）計白起於三四十年之中。興師十四次。其所斬首。內三次有數可稽。已達八九十萬衆。推其總數。當在兩三百萬而強。故戰爭實爲欲衆民者所不許。

寡人之道。非僅限於蓄私與攻伐。墨子以厚葬久喪亦與同科。故曰。「今惟毋以厚葬爲喪者爲衆。君死喪之三年。父母死喪之三年。妻與後子死者五。皆喪之三年。然後伯父叔父兄弟孽子期。族人五月。姑姊甥舅皆有月數。則毀瘠必有制矣。此為敗男女之交多矣。以此求衆。譬猶使人伏劍而求其壽也。」節葬下。又曰「處喪之法將奈何哉。曰哭泣不秩聲、翁縗絰垂涕處依廬。寢苦枕凷。又相率強不食而為飢。薄衣而為寒。使面目陷陬顏色黧黑。耳目不聰明。手足不勁強。不可用也。……上士之操喪也。必扶而能起。杖而能行。以此共三年。若法若言行若道。苟其飢約又若此矣。是故百姓冬不仞寒夏不仞暑。作疾病死者不可勝計也。」同上。夫久喪久敗男女之交。服喪又殊反乎衛生。甚為衆民勁敵。故墨子秉人道之心思、計利天下之公利。之眼光。於葬喪加以改造也。

墨子以為繼上而為寡人之道者。其為橫征暴斂乎。故曰「今天下為政者。其所以寡人之道多。其使民勞。其籍斂厚。民財不足。凍餓死者不可勝數也。」節用上。「以其常役。修其城郭。則民勞而不傷。以其常正。收其租稅。則民費而不病。當今之主。……必厚作斂於百姓。暴奪民衣食之財。……是以其財不足以待凶飢。振孤寡。」辭過。夫養命惟財。財竭則死。為政而苛奪。則其殺人之慘。實猛於泰山之虎、故墨子所以兢兢言之也。

墨子人口論。約述於上。當時他家亦有言及且建行者。舉之以便檢考。管子曰。「……行九惠之教。一曰老老。二曰慈幼。三曰恤孤。四曰養疾。五曰合獨。六曰問疾。七曰通窮。八曰振困。九曰接絕。所謂老老者。凡國都皆有長長。年七十以上。一子無征。三月有饋肉。八十以上。二子無征。月有饋肉。九十以上。盡家無征。日有酒肉。死上共棺椁。子弟精膳食。問所欲。求所嗜。此之謂老老。所謂慈幼者。凡國都皆有長幼。士民有子。子有幼弱。不勝養爲累者。有三幼者無婦征。四幼者盡家無征。五幼又予之葆。受二人之食。能事而後止。此之謂養幼。所謂恤孤者。凡國都皆有掌孤。士人死。子孤幼。無父母所養不能存教者屬之。其鄉黨智識故人。養一孤者。一子無征。養二孤者。二子無征。養三孤者。盡家無征。掌孤數行問之。必知其飲食飢寒。身之膌胜。而哀憐之。此之謂恤孤。所謂養疾者。凡國都皆有掌養疾。聾盲喑啞跛躄。偏枯握遞不耐自生者。上收而養之。疾官而衣食之。殊身而後止。此之謂養疾。所謂合獨者。凡國都皆有掌媒。丈去無妻曰鰥。婦人無夫曰寡。取鰥寡而和合之。予田宅而家室之。三年然後事之。此之謂合獨。所謂問疾者。凡國都皆有掌病。士人有病者。掌病以上令聞之。九十以上日一問。八十以上二日一問。七十以上三日一問。衆庶五日一問。疾甚者以告。上身問之。掌病行於國中。以問病爲事。此之謂問病。所謂通窮者。凡國都皆有通窮。若有窮夫婦無居處。窮賓客絕糧食。居其鄉黨以聞者有賞。不以聞者有罰。此之謂通窮。所謂振困者。歲凶庸人疵厲多死喪。弛刑罰。赦有罪。散倉粟以食之。此之謂振困。所謂接絕者。士民死上事。死戰事。使其識故人受貲於上而祠之。此之謂接絕也。」（入國篇）越語紀「昔越王勾踐棲於會稽之後。恐國人不蕃。令壯者無娶老婦。老者無娶壯妻。女子十七不嫁。罪其父母。丈夫二十不娶。罪其父母。生丈夫二壺酒。一犬。生女子二壺酒。一豚。生三人。公與之母。生二人。公與之餼。此越十年生聚。加以教訓。卒以沼吳也。」

交易　吾人慾望既與時俱進。而生產原理。又詔以分業必要。因之供求有差。欲求適合。其惟交易。交易須有機關之設備。而交通爲重。交通內包雖多。而舟車居要。因論墨子對此之態度。彼曰「古之民未知爲舟車時。重任不移。遠道不至。故聖王作爲舟車。以便民之事。其爲舟車也。全固輕利。可以任重致遠。其用財少而爲利多。是以民樂而利之。法令不急而行。民不勞而上足用。故民歸之。」（辭過篇）墨子知舟車除利於交通外。且有益於人民之樂利。法令之施行。政府之財用。其識較老子謂「郅治之世。舟車無用。」有霄壤之別矣。

然墨子之舟車，由人民自營。抑由國家所有乎。彼曰。「若聖王之爲舟車也。則我弗敢非也。古者亦嘗厚斂乎萬民以爲舟車。既以成矣。曰吾將惡許用之。曰舟用之水。車用之陸。君子息其足矣。小人息其肩背焉。故萬民出財齎以予之。不敢以爲慼恨者何也。以其反中民之利也。」（非樂上）是墨子主國營交通事業。如日中天。有目共觀。蓋倡「上同而不下比」者之必至於是。原無可疑。墨子固反厚斂。今爲發達交通計。竟不惜行權。蓋厚斂苦民時暫。交通利民時長。實亦應用「害中取小利中取大」之原則也。又墨子曰。「其爲舟車何以爲。車以行陵陸。舟以行川谷。以通四方之利。凡爲舟車之道。加輕以利者鮮。無不加用而爲者。是故用財不費。民德不勞。其興利多矣。又去大人之好。聚珠玉鳥獸犬馬以益衣裳宮室甲盾舟車之數。於數倍之。若則不難。」（節用上）又曰。「當今之主。其爲舟車與此異矣。全固輕利皆已具。必厚作斂於百姓以飾舟車。飾車以文采。飾舟以刻鏤。女子廢其紡織而修文采。故民寒。男子離其耕稼而修刻鏤。故民飢。人君爲舟車若此。故左右象之。是以民飢寒並至。故爲姦衺。姦衺多則刑罰深。刑法深則國亂。君實欲天下之治而惡其亂。當爲舟車不可不節。」（辭過）又曰。「車爲服重致遠。乘之則安。引之則利。安以不傷人。利以速至。此車之利也。古者聖王爲大川廣谷之不可濟。於是制爲舟楫。則雖上者三公諸侯至。舟楫不易。津人不飾。此舟之利也。」節用中。余讀此而有感焉。墨子於二千年前。詔吾儕以行與衣食住等重。見節用及辭過諸篇。欲取大人之「珠玉鳥獸犬馬」以飾舟車之數。不許人主厚斂以飾舟車。而國有舟車。應對乘者負安利之責。而今則何如。夷艦示威內河。全國鐵道。大半權握洋鬼之手。路政所入。半供軍閥。半歸中飽，河橋衰朽。重修無能。行客財命。時虞危險。安之不能。利於何有。且叛賊竊位。掛花車以耗國帑。民生無路。挺劫車於抱牯。貼外邦以共管之口實。交通無政策可言。至此已極。宜乎經濟衰頹。文化閉塞。政治混亂。不可救治也。

夢按法家亦主便利交通機關。其中最著者爲李斯。說文解字敘云「七國田疇異晦。車塗異軌。言語異聲。文字異形。秦始皇帝初兼天下。丞相李斯乃奏同之。罷其不與秦文合者。斯作倉頡篇」史記秦始皇本紀「二十六年。始皇是廷尉李斯議。分天下爲三十六郡。車同軌。書同文。」「二十七年。治馳道。」「三十二年。刻碣石門。壞城郭。決通隄防。」漢書賈山傳曰。「秦爲馳道於天下。東窮燕齊。南極吳楚。江湖之上。瀕海之觀畢至。道廣五十步。三丈而樹。厚築其外。隱以金椎。樹以青松。」李斯欲破封建。設立郡縣。車同軌。書同文。簡制小篆。作倉頡篇。決通川防。廣爲馳道。是卽統一交通趨於便利之顯證也。

交易爲財之價值之交換。然物價由何而成及其眞義如何。伊古以來。學說紛紜。墨子論物價所以成立。經曰。「賈宜則讎。說在盡。」說曰。「賈。盡也者。盡去其所舊無所字依梁校補以不讎也。以其不讎去。則讎。正賈也。宜不宜。在舊作正依梁校改欲不欲。若敗邦鬻室嫁子。」蓋物之正價以何爲標準。亦視主觀的需要之程度如何耳。或對於貨幣之需要也甚迫切。或對於所有物不肯割捨。此所以不售之原因也。此種原因去。則售之。故價之宜不宜。不存乎所售之物之本身。而存乎售者之欲不欲。若賣屋。若嫁女。(古代婚嫁多含買賣性質。今僻鄉陋俗猶然。)既自願售之。則所售之價。即價之宜者矣。墨子又論價格之眞義。經曰。「買無貴。說在仮其賈」說曰。「買。刀糴相爲賈。刀輕則糴必(舊作不今依梁校下同。)貴。刀重則糴必易。王刀無變。糴有變。歲變糴則歲變刀。若鬻子。」蓋刀指泉刀。王刀謂國家所定之貨幣。易輕也。輕也者。賤也。刀糴相爲賈者謂貨幣與穀物互相爲價也。一方面以貨幣易穀物。則見爲穀物之價。一方面以穀物爲貨幣。則見爲貨幣之價。常人只知有物價不知有幣價。陋也。幣價賤則物價必貴。幣價貴則物價必賤。常人但言百物騰貴。不知爲幣之損其值也。貨幣之名價雖無變。而物價隨時而變。物價遞年不同。即貨幣之實價遞年有升降也。若鬻子者。張云若母子相鬻。子常權母是也。上兩條雖未能盡物價之原理。然所發明者。已極深邃。二千年前之經濟學說能如此。求之他書未易見也。

消費　墨子曰。「非無安居也。我無安心也。非無足財也。我無足心也。」(親士篇。)「節儉則昌。淫佚則亡。」(辭過篇。)故其消費論。實以節用爲主。而非樂節葬。則演其緒。故究其消費論。則不可不觀墨子曰。「聖人為政一國。一國可倍也。大之為政天下。天下可倍也。其倍之非外取地也。因其國家。去其無用。足以倍之。聖王為政。其發令興事。使民用財也。無不加用而為者。是故用財不費。民德不勞。其興利多矣。」節用上。「古者明王聖人所以王天下正諸侯者。彼其愛民謹忠。利民謹厚。忠信相連。又示之以利。是以終身不饜。歿世而不卷。古者明王聖人其所以正諸侯者此也。是故古者聖王制為節用之法。……凡足以奉給民用則止。諸加費不加於民利者。聖王弗為。」節用中。以上諸段為墨子論消費之原則。理與詞簡。吾儕極宜注意。果究此有得。則於墨子之消費論。自能左右逢源。玆卽據以觀其非樂之旨趣。「子墨子之所以非樂者。非以大鐘鳴鼓琴瑟竽笙之聲以為不樂也。非以刻鏤華采文章之色以為不美也。非以犓豢煎炙之味以為不甘也。非以高臺厚榭邃宇之居以為不安也。雖身知其安也。口知其甘也。目知其美也。耳知其樂也。然上考之不中聖王之事。下度之不中萬民之利。是故子墨子曰。為樂非也。」非樂上。是知墨子非樂之涵義。實包音樂雕刻烹調建築等美術而言。彼以美術非人生必需。徒供王公大人之玩弄。造樂器需財。費財又無所利。「加費而不加利於民」「出財而不反中民之利。」物力維艱。民生匪易。故與以當頭一棒。

更有進者墨子以「攻」之亂耗經濟。較樂尤甚、故非之亦厲。詞曰。「今嘗計軍上竹箭羽旄幄幕甲盾撥刼往而靡弊腑冷不反者。不可勝數。又與矛戟戈劍乘車其往則碎折靡弊而不反者。不可勝數。與其牛馬肥而往。瘠而反往死亡而不反者。不可勝數。……國家發政奪民之用廢民之利。若此其衆。然而何爲爲之。曰我貪伐勝之名。及得勝之利。故爲之。子墨子言曰。計其所自勝。無所可用也。計其所得。反不如所喪者之多。」非攻中。「今王公大人天下之諸侯。……將皆差論其爪牙之士。比列其舟車之卒伍。於此爲堅甲利兵以往攻伐無罪之國。入其國家邊境。芟刈其禾稼。斬其樹木。墮其城郭。以湮其溝池攘殺其牲牷。燔燎其祖廟。勁殺其萬民覆其老弱。遷其重器。」非攻下。似此。誠「所攻不利。而攻者亦不利。是兩不利矣。」貴義篇。墨子時。攻伐所耗財物。雖無統計可稽。但就四年三月之歐戰。耗金三千萬萬元推之。數字想亦可觀。故墨子安得不大聲疾呼。與時人以最嚴之教誨。

至厚葬靡財。亦與「樂」「攻」同科。彼曰。「今唯毋使法執厚葬久喪者言以爲事乎國家。此存乎王公大人有喪者曰。棺椁必重。葬埋必厚。衣衾必多。文繡必繁。邱隴必巨。存乎匹夫賤人。死者殆竭家室。存乎諸侯。死者虛府庫。然後金玉珠璣比乎身。綸組節約車馬藏乎壙。又必多爲屋幕鼎鼓几梃壺濫戈劍羽旄齒革寢而埋之。滿意若送從。……計厚葬爲多埋賦財者也。財已成者。挾而埋之。以此求富。譬猶禁耕而求穫也。」（節葬下）夫積著之理。務完物無息幣。財幣欲其行如流水。而儒者以求愼終送死之虛榮。不惜傾家破產。將血汗所易之財貨。蕩於一旦。行爲至反經濟。故墨子所以鄭重反對也。

夫天下熙攘。爲利來往。墨子固知綦詳。然人類最合理之室衣食生活又何如。墨子節用篇曾定如左。

（一）宮室之法。其旁可以圉風寒。上可以圉雪霜雨露。其中蠲潔可以祭祀。宮牆足以爲男女之別則止。有盜賊加固者鮮。不加者去之。

（二）衣服之法。冬以圉寒。夏以圉暑。適身體。和肌膚。俯仰周旋威儀之禮。足以將之則止。凡爲衣裳之道。冬加溫。夏加淸者鮮。不加者去之。

（三）飲食之法。足以充虛繼氣強股肱耳目聰明則止。不極五味之調。芬香之和。不致遠國珍怪異物。

由上觀之。墨子以人類合理生活。即在去奢崇儉。君奢誠屬虧奪民財。然而君之受虧亦非尠。故墨子曰「夫奢安可窮哉。紂爲鹿臺槽邱。酒池肉林。宮牆文畫。雕琢刻鏤。錦繡被堂。金玉珍瑋。婦女優倡。鐘鼓管絃。流漫不禁。而天下愈竭。故卒身死國亡。爲天下戮。」（見說苑反質篇引）吾儕讀此。幾疑墨子消費論。僅以維持人生最低需要爲限。但實際不然。彼曰。「惡在事乎奢也。長無用。好末淫。非聖人之所急也。故食必常飽。然後求美。衣必常煖。然後求麗。居必常安。然後求樂。爲可常。行可久。先質而後文。此聖人之務。」(見說苑反質篇引。)蓋人民無衣食居之時。自宜先求飽煖安。然後進講美麗樂。

上述墨子所制人之合理生活竟。然旱潦歉凶。歲時所有。若欲維持合理生活之常度。自非統籌全局。損餘補乏。挹此注彼。難免恐慌發生。墨子知此。故曰。「夏書曰。禹七年水。殷書曰。湯五年旱。此其離凶餓甚矣。然民不凍餓者何也。其生財密。其用之節也。故食無備粟。不可以待凶飢。……夫桀無待湯之備故放。紂無待武之備故殺。桀紂貴爲天子。富有天下。然而皆滅亡於百里之君者何也。有富貴而不爲備也。故備者國之重也。……故周書曰。國無三年之食者。國非其國也。家無三年之食者。子非其子也。此之謂國備。」(七患。)是墨子預防經濟恐慌。實有二法。積極則主力急生密。消極則主儉養節用。蓋未雨綢繆。自可防患未然。然臨渴掘井。亦能減禍既發。故墨子曰。「五穀盡收。則五味盡御於主。不盡收則不盡御。一穀不收謂之饉。二穀不收謂之旱。三穀不收謂之凶。四穀不收謂之餽。五穀不收謂之飢。歲饉則士者大夫以下皆損祿五分之一。旱則損五分之二。凶則損五分之三。餽則損五分之四。飢則盡無祿。稟食而已矣。故飢凶存乎國。人君徹鼎食。大夫徹縣。士不入學。君朝之衣不革制。諸侯之客。四鄰之使。饔飧食而不盛徹。驂騑塗不芸。馬不食粟。婢妾不衣帛。此告不足之至也。」（七患）捐祿之法。有似現今歐美所行所得稅及累近稅之雛形。而二千餘年前之墨子已創之。誠才士也夫。

結論

孟子稱「墨翟之言盈天下。」（滕文公篇上。）呂覽稱墨子「徒屬彌衆。弟子彌豐。充滿天下。」（尊師篇）墨子後死。其學離而爲三。（韓非子顯學篇。）至楚漢之際而微。（淮南子氾論訓。）「魏晉以降。其學幾絕。」（孫詒讓墨子閒詁序。晉書隱逸傳載魯勝著有墨辯注。今書佚。敘存。）「乃唐以後。韓昌黎外無一人能知墨者。」（俞樾墨子閒詁序。夢按。韓昌黎全集有讀墨子一文。）夫以天下盛行之學說。竟至絕而不續。其理實未易解。墨子曰。「時年歲善。則民仁且良。時年歲凶。則民吝且惡。夫民何常之有。爲者寡。食者衆。則歲無豐。故曰財不足則反之時。食不足則反之用。故先民以時生財。固本而用節。則財足。故雖上世之聖王。豈能使五穀常收。而水旱不至哉。然而無凍餒之民者何也。其力時急而自養儉也。其生財密而用之節也。」（七患篇。）此即其經濟思想之結晶。然缺點亦多。故莊子曰。「墨子生不歌。死不服。桐棺三寸而無椁。其生也勤。其死也薄。其道大觳。使人憂。使人悲。其行難爲也。恐其不可以爲聖人之道。反天下之心。天下不堪。墨子雖能獨任。奈天下何。」（天下篇）荀子云、「墨子之言。昭昭然爲天下憂不足。夫不足非天下之公患也。特墨子之私憂過計也。天下之公患。亂傷之也。胡不嘗試相與求亂之者誰也。我以墨子之非樂也。則使天下亂。墨子之節用也。則使天下貧。非將墮之也。說不免焉。故墨術誠行。則天下尙儉而彌貧、非鬭而日爭。勞苦頓萃而愈無功。愀然憂戚非樂而日不和。」（富國篇）此足見其思想之稺弱。然荀子曰。「勞苦之事則爭先。饒樂之事則能讓。端慤誠信。拘守而詳。雖困四夷。人莫不往。」（不苟篇）墨子有矣。故其勤儉堅苦之精神。在吾國二千年中。實爲多數人所崇拜。至今人民勤苦耐勞之習。或竟爲墨學所養成。亦未可知。

第六章　法家思想

緒論

班固曰。「法家者流。蓋出於理官。」（漢書藝文志）然其學始於伊尹太公。而盛於管商。韓非曰。「操法術之數。則可致霸王之功。伊尹得之湯以王。管仲得之齊以霸。商君得之秦以強。」（姦劫弒臣篇）「伊尹毋變殷。太公毋變周。則湯武不王矣。管仲毋易齊。郭偃毋更晉。則桓文不霸矣。」（南面）「今境內之民皆言治。藏商管之法者家有之。」（五蠹篇）此可見當時管商之法。盛行於世。故言法治者。家有其書。史記曰。「管仲卒。齊國遵其政。常強於諸侯。」（管晏列傳）「鞅適秦。能明其術。彊霸孝公。後世遵其法。」（太史公自序）洵言之有徵。又尋史記曰。「太公望封於營丘。地潟鹵。人民寡。於是太公勸其女功。極技巧。通魚鹽。則人物歸之。繈至而輻輳。故齊冠帶衣履天下。海岱之間。斂袂而往朝焉。其後齊中衰。管子修之。」（貨殖傳）漢書曰「太公為周立九府圜法。黃金方寸而重一斤。錢圜函方。輕重以銖。布帛廣二尺二寸為幅。長四丈為匹。故貨寶於金。利於刀。流於泉。布於布。束於帛。太公退。又行之於齊。至管仲相桓公。通輕重之權。桓公遂用區區之齊。合諸侯。顯伯名。」（食貨志下）可知管學之來有自。而妄人謂為戰國末年產物。決非管子時代所能發生。謬誤之至。

管子

傳略　史記曰。「管夷吾者。潁上人也。少貧困。嘗與鮑叔賈。既而任政相齊。以區區之齊在海濱。通貨積財。富國強兵。與俗同好惡。故令卑而易行。其為政也。善因禍而為福。轉敗而為功。貴輕重。任權衡。諸侯由是歸齊。管仲富擬於公室。有三歸反坫。齊人不以為侈。」（管子傳）又曰。「齊桓公用管仲之謀。通輕重之權。徼山海之業。以朝諸侯。用區區之齊。顯成霸名。」（平準書）「管子設輕重九府。則桓公以霸。九合諸侯。一匡天下。而管子亦有三歸。位在陪臣。富於列國之君。是以齊富強至於宣威也。」（貨殖傳）「吾讀管氏牧民山高乘馬輕重九府。詳哉其言之也。既見其著書。欲觀其行事。故次其傳。至其書世多有之。是以不論。」（管子傳）

附言　梁卓如曩著管子傳（刊於飲冰室叢書內）。於管子經濟政策。頗多發明。愚研此尤力。已撰集解一書。茲為省時計。以下言管子思想者。卽用卓如舊文。至其疎漏牴牾處。集解已詳爲商榷。故不贅。閱者如欲深究。可逕參照。

內政三大綱領　管子之內政。以理財治兵教育爲三大綱領。其餘條目。千端萬緒。纖悉周備。不能縷舉。書中有問一篇。言治國者所應問之事。卽所謂調查也。統計也。夫欲正世調天下者。必先觀國政。料事務。察民俗。本治亂之所生。知得失之所在。然後從事正世篇。乃克有濟。不則政策必難悉當。而國之現狀。隨時變遷。非常調查之。則必有不相應者。今東西各國。汲汲於是。良有以也。管子問篇。其條件極纖細。而罔不關於大體。今錄其全文。以觀先民文理密察之治績焉。篇中有文義奧古者錄房注。房注有誤謬者。以鄙意釋之則加以按字。

凡立朝廷。問有本紀。爵授有德。則大臣興義。祿予有功。則士輕死節。上帥士以人之所戴。則上下和。授事以能。則人上功審刑當罪。則人不易訟。中略國有常經。人知終始。此霸王之術也。然後問事。事先大功。政自小始。問死事之孤。其未有田宅者有乎。問少壯而未勝甲兵者幾何人。問死事之寡。其餼廩何如。房注·寡謂其妻·餼廩言給其餼廩·餼生食廩米粟之屬·問國之有功大者何官之吏也。按官各分業而久於其職·故問何官之吏·問州之大夫也。何里之士也。今吏亦何以明之矣。問刑論有常以行。不可改也。今其事之久留也何若。按此調查訟獄。何故稽留。問五官有度制。官都其有常斷。今事之稽也。何待。官都謂總攝諸司者也。問獨夫寡婦孤貧疾病者。幾何人也。問國之棄人。何族之子弟也。棄人謂有過不齒者也。按古代有階級制度。故篇中屢問何族。問鄉之良家。其所救養者幾何人矣。按此調查所蓄奴隸也。問邑之貧人債而食者幾何家。問理園圃而食者幾何家。人之開田而耕者幾何家。按謂墾荒也。士之身耕者幾何家。問鄉之貧人。何族之別也。問宗子之收昆弟者。以貧從昆弟者幾何家。按謂能有力以收養昆弟者。或無力而從昆弟之養者。各幾何家也。古代爲宗法社會。故於宗子調查尤詳。餘子仕而有田邑。今入者幾何人。謂收入其稅也。子弟以孝聞於鄉里者幾何人。餘子父母存。不養而出離者幾何人。士之有田而不使者幾何人。吏惡何事。不使謂不用其吏。不惡此等。當惡何事。士之有田而不耕者幾何人。身何事。君臣有位而未有田者幾何人。外人之來從。而未有田宅者幾何家。按古代患民少。故來歸者給以田宅。國子弟遊於外者幾何人。貧士之受責於大夫者幾何人。按責古債字。謂舉債於豪右者也。官賤行書。身士以家臣自代者幾何人。其人居官乃賤。自行文書。身任士職。以家臣自代。官承吏之無田餼而徒理事者幾何人。承吏謂攝官無俸而空理事也。羣臣有位事。官大夫者幾何人。謂羣臣自有位事。乃左官於大夫。按古代有公室之臣。有家臣。故云。外人來遊在大夫之家者幾何人。鄉子弟力田爲人率者幾何人。國子弟之無上事。衣食不節。率子弟不田弋獵者幾何人。（既無上事，乃率子弟不田農，但弋獵。）男女不整齊。亂鄉子弟者有乎。問人之貸粟米有別券者幾何家。（別券，分契也。）問國之伏利。其可應人之急者幾何所也。人之所害於鄉里者何物也。問士之有田宅。身在陳列者幾何人。餘子之勝甲兵有行伍者幾何人。問男女有巧技能。利備用者幾何人。處女操工事者幾何人。冗國所開口而食者幾何人。問一民有幾年之食也。問兵車之計幾何乘也。牽家馬軛家車者幾何乘。處士修行。足以教人。可使帥衆蒞百姓者幾何人。士之急難可使者幾何人。工之巧。出足以利軍伍。處可以修城郭補守備者。幾何人。城粟軍糧，其可以行幾何年也。吏之急難可使者幾何人。大夫疏器甲兵兵車旌旗鼓鐃帷幕帥車之載幾何乘。疏藏器。弓弩之張。衣夾鋏。鉤弦之造。戈戟之緊。其厲何若。其宜而不修者。故何視而造修之官。出器處器之具。宜起而未起者何待。鄉師車輜造修之具。其繕何若。工尹伐材用。毋於三時。羣材乃植。而造器定冬。完良。備用必足。（工尹，工官之長，三時謂春夏秋，伐材必以冬也。）人有餘兵。詭陳之行。以慎國常。（行，伍也。）時簡稽帥牛馬之肥瘠。其老而死者皆舉之。其就山藪林澤食荐者幾何。出入死生之會幾何。（會，即統計表。）若夫城郭之厚薄。溝壑之淺深。門閭之尊卑。宜修而不備者。上必幾之。（幾，察也。）守備之伍。器物不失其具。淫雨而各有處藏。問兵官之吏。國之豪士。其急難足以先後者幾何人。中略問所以教選人者何事。問執官都者。其位事幾何年矣。所辟草萊。有益於家邑者幾何矣。所封表以益人之生利者何物也。所築城郭。脩牆閉絕。通道阨闕。深防溝。以益人之地守者。何所也。所捕盜賊除人害者幾何矣。按執官都者。謂地方長官也。……此篇所舉。纖悉不漏。錯雜互明。而其精神之貫注彌滿。可想見矣。「事先大功。政自小成。」二語。可謂盡為政之要領。觀於今世各國之警察行政。益信此義之不誣。

經濟政策　管子為大理財家。後世計臣多宗之。雖然管子之理財。其所注全力以經營者。不在國家財政也。而在國民經濟。國民經濟發達。斯國家財政隨之。管子之所務在於是。故有以桑弘羊孔僅劉晏比管子者。非知管子者也。

管子言為政之本首在富民。書中昌明此義者。屢見不一。今次而論之。

治國篇　凡治國之道。必先富民。民富則易治也。民貧則難治也。奚以知其然也。民富則安鄉重家。安鄉重家則敬上畏罪。敬上畏罪則易治也。民貧則危鄉輕家。危鄉輕家則敢陵上犯禁。陵上犯禁則難治也。故治國常富。而亂國常貧。是以善為國者。必先富民。然後治之。

牧民篇　國多財則遠者來。地僻舉則民留處。倉廩實則知禮節。衣食足則知榮辱。

權脩篇　欲爲其國者。必重用其民。欲爲其民者。必重盡其民力。無以畜之。則往而不可止也。無以牧之。則處而不可使也。

立政篇　民不懷其產。國之危也。

版法篇　民不足。令乃辱。民苦殃。令不行。

八觀篇　民偷處而不事積聚。則囷倉空虛。如是而君不爲變。然則攘奪竊盜殘賊進取之人起矣。故曰。觀民產之所有餘不足。而存亡之國可知也。

侈靡篇　足其所欲。贍其所願。則能用之耳。今使衣皮而冠角。食野草。飲野水。孰能用之。

五輔篇　夫民必得其欲。然後聽上。聽上。然後政可爲也。

以上所論。皆以發明治國必先富民之義。而陳其理由。約有三端。一曰民貧則散亡不能禁。二曰民貧則教育不能施。三曰民貧則法令不能行。而此三者。又遞相因果。蟬聯而至。故管子用是兢兢也。

管子又推原民所以貧之故。略有數因。一曰由生產之不饒。二曰由君上之掊克。三曰由強豪之兼幷。

四曰由習俗之侈靡。五曰由金融之凝滯。六曰由財貨之外流。明此數因。而思所以救治之。則管子之經濟政策也。

國民經濟之觀念　經濟學之成爲專門科學。自有亞丹斯密始。然斯密之言經濟也。以個人爲本位。不以國家爲本位。故其學說之益於人國者雖不少。而弊亦隨之。晚近數十年來。始有起而糾其偏匡其缺者。謂人類之欲望。嬗遞無已時。而一人之身。匪克備百工。非羣萃州處。通功易事。不足以互相給。故言經濟者。不能舉個人而遺羣。而羣之進化。由家族而宗法而部落。以達於今日之國家。國家者。羣體之最尊者也。是故善言經濟者。必合全國民而盈虛消長之。此國民經濟學。斯爲可貴也。此義也。直至最近二三十年間。始大倡於天下。然吾國有人焉於二千年前。導其先河者。則管子也。觀其書中之言。可以知矣。

權脩篇　欲爲天下者。必重用其國。欲爲其國者。必重用其民。欲爲其民者。必重盡其民力。

輕重甲篇　爲國不能來天下之財。致天下之民。則國不可成。

七法篇　財不蓋天下。不能正天下。

修靡篇 利然後能通。通然後成國。

全書之中。如此之論。不可殫舉。要之管子之言經濟也。以一國爲一經濟單位。合君臣上下皆爲此經濟單位之一員。而各應其分。戮其力。以助一國經濟之發達。而挾之以與他國競。管子一切政治之妙用。皆基於是。其說則俟下之數章證明之。

奬勵生產之政策　孔子曰。生財有大道。生之者衆。凡善言經濟者。未有不首以生產爲務者也。昧於經濟學理者。往往以金銀與富力爲同物。汲汲焉思所以積之而壅其出。歐洲前代諸國。蹈此覆轍者。不知凡幾也。管子則異是。其言曰。「時貨不遂。金玉雖多。謂之貧國也。」八觀篇 故管子之政策。惟藉金銀以爲操縱百貨之具。而不肯犧牲國力以徇金銀。其最要者。則使全國之民。皆爲生產者而已。故曰。「一農不耕。民或爲之飢。一女不織。民或爲之寒。」輕重甲篇 又曰。「天下之所生。生於用力。用力之所生。生於勞身。」八觀篇 凡此皆以言夫生產之不可以不力也。

夫人生而有自利之心。有自利之心。則自能黽勉以從事生產。以養其欲而給其求。然則有國家者。似宜聽民之自爲。而無取諰諰然代大匠斲。此說也。實斯密氏一派所張皇以號於衆者也。而管子則不謂爾。其言曰「天下不患無財。患無人以分之。」牧民篇。又曰。「官不理則事不治。事不治則貨不多。」乘馬篇。又曰。「萬物之於人也。無私近也。無私遠也。巧者有餘。而拙者不足。」又曰。「不告之以時。則民不知。不道之以事。則民不爲。與之分貨。則民知得正矣。審其分則民盡力矣。」乘馬篇。又曰。「民欲逸而教之以勞。勞教定而國富。」侈靡篇。蓋管子之意。以爲國家若不有道焉以干涉之。獎勵之。則民或惰而不務生產。或務矣。而不知所以生產之道。或知其道矣。而爲天然之不平等所限制。不能舉自由競爭之實。是故非以國力行之不爲功也。

小問篇 力地而動於時。則國必富矣。

五輔篇 明主之務。在於強本事。去無用。然後民可使富。

牧民篇 不務天時則財不生。不務地利則倉廩不盈。野蕪曠則民乃菅。上無量則民乃妄。文巧不禁則民乃淫。積於不涸之倉者。務五穀也。藏於不竭之府者。養桑麻育六畜也。

立政篇 一曰。山澤不救於火。草木不植成。國之貧也。二曰。溝瀆不遂於隘。鄣水不安其藏。國之貧也。三曰。桑麻不植於野。五穀不宜其地。國之貧也。四曰。六畜不育於家。瓜瓠葷菜百果不備具。國之貧也。

五曰工事競於刻鏤。女事繁於文章。國之貧也。

又脩火憲。敬山澤林藪積草。夫財之所出。以時禁發焉。使民於宮室之用。薪蒸之所積。虞師之事也。決水潦。通溝瀆。修障防。安水藏。使時水雖過度。無害於五穀。歲雖凶旱。有所秎穫。司空之事也。相高下。視肥墝。觀地宜。明詔期前後。農夫以時均脩焉。使五穀桑麻皆安其所。由田之事也。行鄉里。視宮室。觀樹藝。簡六畜。以時鈞修焉。勸勉百姓。使力作毋偷。懷樂家室。重去鄉里。鄉師之事也。論百工。審時事、辨功苦。上完利。監壹五鄉。以時鈞修焉。使刻鏤文采。毋敢造於鄉。工師之事也。

（五輔篇）辟田疇。利壇宅。修樹藝、勸士民。勉稼穡。修牆屋。此謂厚其生。發伏利。輸滯積。修道途。便關市。慎將宿。此謂輸之以財。導水潦。利陂溝。決潘渚。潰泥滯。通鬱閉。慎津梁。此謂遺之以利。

（八觀篇）行其田野。視其耕耘。計其農事。而飢飽之國可以知也。其耕之不深。芸之不謹。地宜不任。草田多穢。耕者不必肥。荒者不必墝。以人猥計其野。（猥衆也。以人衆之多寡。計其野之廣狹也。）草田多而辟田少者。雖不水旱。飢國之野也、若是而民寡。則不足以守其地。若是而民衆。則國貧民飢。以此遇水旱。則衆散而不收。彼民不足以守者。其城不固。民飢者不可以使戰。衆散而不收。則國爲丘墟。故曰。有地君國。而不務耕耘。寄生之君也行其山澤。觀其桑麻。計其六畜之產。而貧富之國可知也。夫山澤廣大。則草木易多也。壤地肥饒。則桑麻易植也。薦草多衍。則六畜易繁也。（薦茂草也。）山澤雖廣。草木毋禁。壤地雖肥。桑麻毋數。薦草雖多。六畜有征。（征賦）閉貨之門也。課凶飢。計師役。觀臺榭。量國費。而實虛之國可知也。凡田野萬家之衆。可食之地方五十里。可以爲足矣。萬家以下。則就山澤可矣。萬家以上。則去山澤可矣。彼野悉辟。而民無積者。國地小而食地淺也。田半墾而民有餘食而粟米多者。國地大而食地博也。國地大而野不辟者。君好貨而臣好利者也。辟地廣而民不足者。上賦重。流其藏者也。故曰。粟行於三百里。則國毋一年之積。粟行於四百里。則國毋二年之積。粟行於五百里。則衆有飢色。其稼亡三之一者。命曰小凶。小凶三年而大凶。大凶則衆有大遺苞矣。什一之師。什三毋事。則稼亡三之一。稼亡三之一。而非有故蓋積也。則道有損瘠矣。什一之師。三年不解。非有餘食也。則民有鬻子矣。故曰。山林雖廣。草木雖美。禁發必有時。國雖充盈。金玉雖多。宮室必有度。江海雖廣。池澤雖博。魚鱉雖多。罔罟必有正。船網不可一財而成也。非私草木愛魚鱉也。惡廢民於生穀也。故曰。先王之禁山澤之作者。博民於生穀也。彼民非穀不食。穀非地不生。地非民不動。民非作力。毋以致財。

以上所舉實管子獎勵生產政策之一斑也。其大旨主於盡地利勸農事。與尋常政治家之論旨無以異。但其條理極詳密耳。夫農爲百業之本。無論何國。皆宜重之。況我國爲天然農國者哉。雖然。管子非如極端之重農主義。以農業爲國民獨一無二之職業。寧犧牲他業以行過度之保護者也。通管子全書。其言獎勵工業者。不可枚舉。（輕重諸篇。其文極多。避繁不錄。）而商業又其所最重也。其言曰「市者。天地之財具也。而萬人之所和而利也。關者諸侯之陬隧也。而外財之門戶也。」（問篇。）又曰「市者。可以知治亂。可以知多寡。而不能爲多寡。」（乘馬篇。）又曰「市也者勸也。勸者所以起本。」（侈靡篇。按本謂農也。言有商然後可以勸農也。）蓋管子未嘗輕商也。而其政策在以商業操縱天下。故不欲使私人得專其利。此實管子一種奇異之政策。而與現今世所倡社會主義。有極相類者。次節專別論之。

管子言市可以知多寡而不能爲多寡。商業爲社會所不可缺。然不能謂之爲生產事業。全社會之富量不以商業之有無盛衰爲增減也。此義近儒菲里坡維治最能言之。足正斯密之誤。

「桓公問管子曰。無可以爲有。貧可以爲富乎。管子曰。舉國而一則無貲。舉國而十則有百。吾將以徐疾御之。」（輕重丁篇。）此其所以神其用者。則商業也。五輔篇云。「發伏利。輸墆積。」明乎發伏利之義。則農業政策工業政策備矣。明乎輸滯積之義。則商業政策備矣。此所以能以無爲有以貧爲富也。

均節消費之政策　有生產必有消費。無消費則生產亦不能發達。此稍治經濟學者所能知也。然消費貴與國民富力相應。宜量費其所贏。而毋耗其母財。此勤儉貯蓄主義所以爲可尊也。管子書中。多爲強本抑末之言。非有惡於末業也。惡其長奢侈之風。而將爲國民病也。故於崇儉之旨。三致意焉。其言曰。

八觀篇　國侈則用費。用費則民貧。民貧則奸智生。奸智生則邪巧作。故奸邪之所生。生於匱不足。匱不足之所生。生於侈。

又　悅商販而不務本貨。則民偷處而不事積聚。

權脩篇　凡牧民者。以其所積者食之。不可不審也。其積多者其食多。其積寡者其食寡。無積者不食。或有積而不食者。則民離上。有積多而食寡者則民不力。有積寡而食多者則民多詐。有無積而徒食者則民偷幸。

此管子獎勵勤儉貯蓄之說也。疇昔之論者。或以爲民俗奢則所需之物品多。而生產之業。緣此得以發達。若人人嗇於用財。則貧者無所資以贍其生。於是有奢非惡德之說起焉。殊不知奢俗一行。則一國之財。宜以爲生產之資本者。將揮霍而無所餘資本涸則產業未有能興者也管子嘗辯之矣。其說曰。

事語篇　桓公曰。秦奢教我曰。帷蓋不修。衣服不衆。則女事不泰。俎豆之禮不致牲。諸侯太牢。大夫少牢。不若此則六畜不育。非高其臺榭。美其宮室。則羣材不散。此言何如。管子曰。非數也。彼壤狹。而欲舉而與大國爭者。非有積蓄。不可以用人。非有積財。無以勸下。泰奢之數。不可用於危隘之國。

管子之意。以爲若使天下能爲一家。則財之挹於此者還注於彼。雖稍奢而不爲害。若猶有國界與他國競爭。則一國之母財。必期於豐而母財生於積蓄。積蓄生於儉。故以奢爲大戒也。

雖然。奢與侈無定形。必比例而始見。夫所入二百金而費及百金焉。則爲奢矣。所入萬金而僅費百金焉。則不爲儉而爲吝矣。奢固害母財。而吝亦非所以勸民業也。故管子曰。「儉則傷事。侈則傷貨。貨盡而後知不足。是不知量也。事已而後知貨之有餘。是不知節也。不知量。不知節。不可謂之有道。」乘馬篇。貨盡者謂母財匱也。事已者謂生產業中止也。夫兩者皆非國民經濟之福明矣。管子用是兢兢也。

調劑分配之政策　泰西學者恆言曰昔之經濟政策重生產，今之經濟政策注重分配。吾以爲在泰西爲然耳。若吾國則先哲之言經濟者。自始已謹之於分配。故孔子曰。「不患寡而患不均。均無貧。」又曰。「財聚則民散。財散則民聚。」而管子一書於此尤三致意焉。其言曰。「貧富無度則失。」五輔篇。又曰。「甚富不可使。甚貧不知恥。」侈靡篇。又曰。「今君鑄錢立幣，民通移。人有百十之數。然而民有賣子者何也，財有所并也。」輕重甲篇。又曰。「歲有凶穰。故穀有貴賤。令有緩急。故物有輕重。然而人君不能治。故使蓄賈游市。乘民之不給。百倍其本。分地若一。彊者能守。分財若一。智者能收。智者有什倍人之功。按謂以一取什也。愚者有不賡本之事。按賡猶續也。謂資本不能回復循環也。然而人君不能調。故民有相百倍之生也。按謂不能調均之。則貧富之懸隔生。夫民富則不可以祿使也。貧則不可以罰威也。法令之不行。萬民之不治。貧富之不齊也。然則人君非能散積聚。鈞羨不足。按鈞同均。羨餘也。分并財利。而調民事也。則君雖強本趣耕，按本謂務農。趣讀爲促。而自爲鑄幣而無已。乃令使民下相役耳。惡能以爲治乎。」國蓄篇。

管子之意。以爲政治經濟上。種種弊害。皆起於貧富之不齊。而此致弊之本不除。則雖日日獎勵生產。廣積貨幣。徒以供豪強兼并之憑藉。而民且滋病。此事也。吾國秦漢時嘗深患之。泰西古代。希臘羅馬時。嘗深患之而今世歐美各國。所謂社會問題者。尤爲萬國共同膏肓不治之疾。而所以藥之之法。在我國儒家言則主復井田。孔子孟子荀子所倡。與夫漢唐以來之均田口分田限民名田等政策皆是也。在泰西社會主義學派。則主土地國有。其尤甚者。主一切財產皆歸國有。其意亦與吾國之井田略相近。雖然。私有權之爲物。隨世界文明之進化而起。相沿既久。而欲驟廢之。其不能見諸實行。不待智者而決也。若管子均貧富之政策則舉有異於是。

國蓄篇　五穀食米。民之司命也。黃金刀幣。民之通施也。故善者執其通施。以御其司命。故民力可得而盡也。

又凡輕重之大利。以重射輕。以賤泄平。萬物之滿虛隨財。準平而不變。衡絕則重見。人君知其然。故守之以準平。使萬室之都。必有萬鍾之藏。藏繈千萬。使千室之都。必有千鍾之藏。藏繈百萬。春以奉耕。夏以奉芸。耒耜械器。種饟糧食。畢取贍於君。故大賈蓄家。不得豪奪吾民矣。然則何。君養其本按謂君何以養本也。本謂資本。謂君從何得此資本。謹也。春賦以斂繒帛。夏貸以收秋實。房注云。方春蠶家闕乏。而賦與之約。收其繒帛。方夏農人闕乏。亦賦與之約。取其穀實。是故民無廢事。而國無失利也。

又凡五穀者。萬物之主也。穀貴則萬物必賤。穀賤則萬物必貴。（按此語似極戾於經濟學理。然管子時自有其特別之理由。下文論之。）兩者爲敵。則不俱平。故人君御穀物之秩（秩迭也）相勝。而操事於其不平之間。（房注云。秩積也。按房注非是。當同秩字耳。）

又夫物多則賤。寡則貴。散則輕。聚則重。人君知其然。故視國之羨不足而御其財物。穀賤。則以幣予食。布帛賤。則以幣予衣。視物之輕重。而御之以准。故貴賤可調。

又歲適美。則市糶無予。（按謂穀不值錢。故無所予而獲糶也。）而狗彘食人食。歲適凶。則市糶釜十鏹。而道有餓民。（謂一釜之粟值十鏹。）然則豈壞力固（本也）不足。而食固不贍也哉。夫往歲之糶賤。狗彘食人食。故來歲之民不足也。物適賤。則半力而無予。民事不償其本。（謂民所興殖之事業。不能償其所出資本。）物適貴。則什倍而不可得。民失其用。然則豈財物固寡而本委不足也哉。夫民利之時失。而物利之不平也。故善者委施於民之所不足。操事於民之所有餘。夫民有餘則輕之。故人君斂之以輕。民不足則重之。故人君散之以重。斂積之以輕。散行之以重。故君必有什倍之利。而財之櫎可得而平也。（管子之言治財。多用櫎字。注家不得其解。按說文櫎字下云所以庋器也。李善文選注云。櫎者。門窗廡之通名。然則櫎也者。物之所憑藉也。又物之所以資以流通也。吾求今世之名詞。則經濟學上之術語。所謂金融者。卽此物也。）

又山國軌篇 然後調立環乘之幣。田軌之有餘於其人食者。（按軌蓋數量之意。）謹置公幣焉。大家衆。小家寡。（謂該地之田所產足供其地名食而有餘者。置幣以劑之也。山田閒田。曰終歲其食不足於其人若千。則置公幣焉。以滿其準。重山田閒田所產少。不給其地之民食。察其所不給者若干。置幣以補足之。歲豐年五穀登。謂高田即有餘之田軌之萌曰。吾所寄幣於子者若千。鄉穀之櫎若干。請爲子什減三。穀爲上。幣爲下。高田撫閒田。山不被穀十倍。山田以君寄幣。振其不贍。振謂振濟振救。未淫失也。高田以時撫於主上。坐長加十也。此處當有訛脫。不能悉解其意。蓋謂於腴田瘠田之區。各置幣以酌盈劑虛。值豐穰之歲。則以幣收穀於腴田之區。而隨時市諸瘠田之區。使以幣償值也。寄幣者。謂受人所貸之錢也。長加十者。價漲十倍也。女貢織帛。苟合於國奉者。皆置而券之。以鄉櫎市準曰。上無幣有穀。以穀準幣。國奉蓋合於國家法程之意。女有貢中程之帛者。國家宜償以幣。但已出幣以買高田之穀。故當收其帛時。先給以券。後乃以穀作爲幣而償之也。環穀而應筴。國奉決穀。反準賦軌幣。穀廩重有加十。疑有訛脫。謂大家委貲家曰。富家也。上且修游。人出若千幣。古代君主燕游則索貢獻於富民。此文殆謂是。謂鄰縣曰。有實者。穀實也。皆勿左右。不贍。則且爲人馬假其食告各鄰各縣之民。使勿賤賣其穀。君所至。則人馬須借食也。借食必酬以值。民。鄰縣四面皆櫎穀。坐長而十倍。上下令曰。貲家假幣。皆以穀准幣。直幣而庚之。穀爲下。幣爲上。百都百縣軌。據穀坐長十倍。環穀而應假幣。國幣之九在上。一在下。幣重而萬物輕。斂萬物。應之以幣。幣在下。萬物皆在上。萬物重十倍。府官以市櫎出萬物。隆而止。國軌布於未形。據其已成。乘令而進退。無求於民。謂之國軌。大意蓋謂初時將全國貨幣。收之於上。物價自然低落。低落時。乃散幣而收之。

物價自騰，騰則復散之也。

又 泰春泰夏。泰秋泰冬。此皆民所以時守也。此物之高下之時也。此民之所以相幷兼之時也。君皆廩之。無貲之家皆假之。械器勝籯屑𥝧公衣。功已而歸公。衣折券。故力出於民。而用出於上。

山至數篇 君有山。山有金。以立幣。以幣准穀。而授祿。故國穀斯在上。穀賈賈即價字什倍。農夫夜寢蚤起。不待見使。五穀什倍。士半祿而死君。言穀價昂，則士所得者多，雖受半祿，而肯爲君死也。農夫夜寢蚤起。力作而無止。彼善爲國者。不曰使之。使不得不使。不曰貧之。使不得不用。

又 桓公問管子曰。請問幣乘馬。管子對曰。始取夫三大夫之家。方六里而一乘。二十七人而奉一乘。幣乘馬者。方六里。田之美惡若干。穀之多寡若干。穀之貴賤若干。凡方六里。用幣若干。穀之重。用幣若干。故幣乘馬者。布幣於國。幣爲一國陸地之數。謂之幣乘馬。桓公曰。行幣乘馬之數。奈何。管子對曰。士受資以幣。大夫受邑以幣。人馬受食以幣。以幣則一國之穀貲在上。幣貲在下。房注云，貲價也。國穀什倍。數也。萬物財物去什二。筴也。皮革筋角羽毛竹箭器械財物。苟合於國器君用者。皆有矩券於上。房注云，矩券，常券也。君實鄉州藏焉。曰某月某日。苟從責者。房注云，責讀爲債。鄉決州決。故曰。就庸一日而決。國筴出於穀。軌國之筴。貨幣乘馬者也。（房注云。言應合受公家之所給。皆予之幣。則穀之價。君上權之。其幣在下。故穀倍重。其有皮革之類。堪於所用者。所在鄉州有其數。若今官曹簿帳。人有負公家之債若耒耜種糧之類者。官司如要器用若皮革之類者。則與其准納。如要功庸（按即力役）者。令就役一日。除其簿書耳。此蓋君上一功權之也。詳輕重之本旨。摧抑富商兼幷之家。隘塞利門。則與奪貧富。悉由號令。然可易爲理也。）今刀布藏於官府。巧幣萬物輕重。皆在賈之。彼幣重而萬物輕。幣輕而萬物重。彼穀重而穀輕。（按輕謂價賤。重謂價貴也。）人君操穀幣金衡。而天下可定也。此守天下之數也。

（輕重丁篇）桓公曰。齊西水潦而民飢。齊東豐庸而糶賤。欲以東之賤。被西之貴。爲之有道乎。管子對曰。今齊西之粟。釜（五鍾爲釜）百泉。則鏂二十也。（斗二升八合曰鏂。）齊東之粟。釜十泉。則鏂二錢也。請以令籍人三十泉。（籍稅也。）得以五穀菽粟決其籍。若此。則齊西出三斗而決其籍。齊東出三釜而決其籍。然則釜十之粟。皆實於倉廩。（言君下令稅人三十錢。準以五穀。但照時價以穀代納。則齊西之民。僅出三斗。已盈其數。齊東之民。須出三釜。乃盈其數。是國庫可以得每釜十錢之粟也。）西之民。飢者得食。寒者得衣。無本者予之陳。無種者予之新。若此。則東西之相被，遠近之準平矣。

（輕重乙篇）桓公曰。吾欲殺正商賈之利。而益農夫之事。爲此有道乎。管子對曰。粟重而萬物輕。粟輕而萬物重。兩者不衡立。故殺正商賈之利。而益農夫之事。則請重粟之價金（按此當是釜字）三百。若是。則田野大辟。而農夫勸其事矣。桓公曰。重之有道乎。管子對曰。請以令與大夫城藏。使卿諸侯藏千鍾。令大夫藏五百鍾。列大夫藏百鍾。富商當賈藏五十鍾。內可以爲國委。外可以益農夫之事。（輕重丁篇）桓公曰。寡人多務令衡籍吾國之富商蓄賈稱貸家。以利吾貧萌農夫。不失其本事。反此有道乎。管子對曰。惟反之以號令爲可耳。桓公曰。行事奈何。管子對曰。請使賓胥無馳而南。隰朋馳而北。甯戚馳而東。鮑叔馳而西。四子之行定。夷吾請號令謂四子曰。子皆爲我君視四方稱貸之間。其受息之氓幾何千家。以報吾。鮑叔馳而西。反報曰。西方之氓者。帶濟負河。菹澤之萌也。漁獵取薪蒸而爲食。其稱貸之家。多者千鍾。少者六七百鍾。其出之。鍾也一鍾。其受息之萌。九百餘家。賓胥無馳而南。反報曰。南方之萌者。山居谷處。登降之萌也。上斲輪軸。下采杼栗。田獵而爲食。其稱貸之家。多者千萬。少者六七百萬。其出之。中伯伍也。其受息之萌。八百餘家。甯戚馳而東。反報曰。東方之萌。帶山負海。若處上斲福。漁獵之萌也。治葛縷爲食。其稱貸之家。丁惠高國。多者五千鍾。少者三千鍾。其出之。中鍾五釜也。其受息之萌。八九百家。隰朋馳而北。反報曰。北方之萌者。衍處負海。煮沸爲鹽。梁濟取魚之萌也。薪食。其稱貸之家。多者千萬。少者六七百萬。其出之。中伯二十也。受息之萌九百餘家。凡稱貸之家。出泉參千萬。出粟參千萬鍾。受子息民參萬家。四子已報。管子曰。不棄。我君之有萌。中一國而五君之正也。然欲國之無貧。兵之無弱。安可得哉。桓公曰。爲此有道乎。管子曰。惟反之以號令爲可。請以令賀獻者。皆以鏤枝蘭鼓。則必坐長什倍其本矣。君之棧臺之職。亦坐長什倍。請以令召稱貸之家。君因酌之酒。太宰行觴。桓公舉衣而問曰。寡人多務。令衡籍吾國。聞子假貸吾貧萌。使有以終其上令。寡人有鏤枝蘭鼓。其賈中純萬泉也。願以爲吾貧萌。決其子息之數。使無券契之責。稱貸之家。皆齊首而稽顙曰。君之憂萌至於此。請再拜以獻堂下。桓公曰。不可。子使吾萌。春有以倳耜。夏有以決芸。寡人之德子。無所寵。若此而不受。寡人不得於心。故稱貸之家曰。皆再拜受。所出棧臺之職。未能參千純也。而決四方子息之數。使無券契之責。四方之萌聞之。父教其子。兄教其弟曰。夫墾田發務。上之所急。可以無庶乎。君之憂我至於此。此之謂反準。

七臣七主篇　政有緩急。故物有輕重。歲有敗凶。故民有義不足。房注云。歲既敗凶。雖有義事。不足以行其禮。按房說謬也。義字乃羨之訛耳。羨餘也。羨與不足對舉。書中屢見。敗字疑亦訛。當爲歲有賑凶。賑者豐也。時有春秋。故穀有貴賤。房注云。春穀貴。秋穀賤。按此訓雖不甚謬。然管子之意。殆不如是。輕重乙篇云。歲有四秋。而春夏秋冬各居一焉。秋者卽書經乃亦有秋。謂成熟也。成熟之時。謂之秋。則力作之時。謂之春。時有春秋。不外今世學者所謂金融季節。而上不調淫。房注云。淫過也。按謂調御其過度也。故游商得以什伯其本也。房注云。得什伯之贏以棄其本也。按此訓非是。謂游商所贏得十百於資本耳。百姓之不田。貧富之不訾。房注云。警限也。皆用此作。

輕重乙篇 桓公問於管子曰。衡有數乎。管子對曰。衡無數也。衡者使物一高一下。不得常固。桓公曰。然則衡數不可調耶。管子對曰。不可調。調則澄。澄則常。常則高下不貳。高下不貳。則萬物不可得而使固。桓公曰。然則何以守時。管子對曰。夫歲有四秋。而分有四時。大春農事且作。請以什伍農夫。賦耜鐵。此之謂春之秋。大夏且至。絲纊之所作。此之謂夏之秋。而大秋成。五穀之所會。此之謂秋之秋。大冬營室中女事紡織緝縷之所作也。此之謂冬之秋。故歲有四秋。而分有四時。已有四者之序。發號出令。物之輕重。相什而相伯。故物不得有常固。故曰。衡無數。

此卽管子所謂輕重之說。其一切分配政策皆由此起。而調御國民經濟之最大作用也。考其樞紐所在。不外操貨幣以進退百物。蓋貨幣價格之騰落與物價之貴賤成反比例。而貨幣流通額之多寡又與其價格之騰落成反比例。故貨幣流通之狀態。近世學者。取泉流布布之義。名之曰金融。卽管子所謂財擴者是也。金融之或寬或緊。同一地也。因時而有差別。同一時也。因地而有差別。其原因皆各有所自來。而其結果則影響於國家財政與全國民生計者。至捷且鉅。故今世各國大政治家之謀國。未有不致謹於此者也。而中國能明此義者。厥惟管子。

管子知貨幣之爲物。凡以供交易媒介之用。其數量不能太少而亦不可太多也。故先斟酌全國所需貨幣之多少。準其數而鑄造之。命之曰公幣。山國軌篇所謂謹置公幣者是也。然則全國所需貨幣多少。何從測之。管子以爲貨幣之職務。在於爲百物之媒介而已。綜稽全國民互相交易之物品。共有幾何。其總值幾何。則其所以媒介之物應需幾何。略可得也。故先察一國之田若干。其所產穀若干。復舉一國所有穀類以外之一切器械財物。如山至數篇所舉皮革筋角羽毛竹箭器械財物等。而悉簿籍之。準其數。以鑄幣。則幣常能與國民之供求相劑。而無羨不足之患矣。山至數篇所謂幣乘馬者也。此術也。以今世之經濟政策衡之。誠覺其局滯而不適。蓋國民之生產力消費力。隨時伸縮。而其所從起之原因。極複雜轇葛。不能執一端而盡之。故以現在全國民所有財產。泐爲簿籍。而準之以求所需貨幣之數。爲法未免疏略。其缺點一也。同一貨幣之數。而緣夫流通之遲速。行用度數之多寡。而其資民利用之效力。強弱懸殊。比例於現有財產。而固定其量。則貨幣伸縮之用不顯。其缺點二也。經濟無國界。故貨幣與貨物常互相流通於國際之間。雖準本國所有財產以鑄幣。然幣之一出一入。不期然而然。鑄幣雖多。未必能長保存於國中鑄幣雖少。而外國所有者常能入而補其缺。今僅以本國財產爲標準。其缺點三也。由此言之。則管子所謂幣乘馬之策。決非完備而可以適用者也。雖然。凡讀史當論其世。以今世經濟情形。律古代不可也。古代機器未興。民業不繁。國民生產力之變遷。不能甚劇。其消費力之變遷。亦緣此不能甚劇。而信用機關。交通機關。皆未發達。故貨幣流通遲速之率。多寡之度。略有一定。而國際間貨幣之轉移。萬不能如今日之便。以此之故。管子比例全國民財產。以置公幣之策。實能適於其時代之要求。而爲經國之妙用。蓋彰彰矣。

夫貨幣價格之高下。既與百物價格之高下成反比例。而貨幣數量之增減。由政府操其柄。故貨幣之價格。政府常能操縱之。此無異一切貨物之價格。悉由政府操縱之也。管子所謂執其通施。以御其司命者此也。

雖然。欲明管子輕重主義之眞相。更有最當研究者一物焉。則穀是也。古代金屬貨幣之用未廣。人民恆以穀帛爲貨幣。而穀爲尤重。孟子所謂以粟易械器。粟即一種之貨幣也。故古代之穀。所以與今異者。今之穀專爲交易之目的物。而古之穀則兼爲交易之媒介物也。而穀之所以與金屬貨幣異者。金屬貨幣專爲交易之媒介物。而穀則兼爲交易之目的物也。所謂交易之目的物者。謂交易之目的。期於得此物而止。如吾輩今日以錢買穀。其所欲得者卽穀也。交易之媒介物者。謂假此爲媒介。以間接求得其他之目的物。如農夫售穀而得錢。其所欲得者非在錢也。以有錢則可持之以買得他物耳。貨幣之性質。所以與他物異者。全在於此。然則穀也者以一物而兼此兩種職務。而其兩職務之性質又互相衝突。是以極轇轕而至難御也。管子之言曰。幣重而萬物輕。幣輕而萬物重。此卽幣價與物價成反比例之義。通諸東西古今而無二者也。夫旣曰萬物則穀亦與居一焉。幣價貴則穀與百物之價俱賤。幣價賤則穀與百物之價俱貴。此易明之理。而今世各國共通之現象也。若因豐凶而穀價之劇變。逸出常軌。此則偶然之事。不足以破此例。此不徒穀爲然。卽百物亦有然矣。乃管子之言。又曰穀貴則萬物必賤。穀賤則萬物必貴。此語也以今日之經濟現象衡之。殆適得其反。吾初讀之。而不解其所謂。及潛心以探索其理。乃知當時之穀兼含兩種性質。一爲普通消費之性質。二爲貨幣之性質。當其爲普通消費目的物也。其價格固與百物同爲貨幣之價格所左右。當其爲貨幣也則反是。而其價格常能左右百物之價格。夫金屬貨幣價格之變動。其原因已極複雜。在今世之治經濟學者。猶以此爲全部學科中最奥衍之理。況夫以一穀而兼此兩性。而其物又爲人生日用須臾不可缺之品。在一切消費目的物中。效力爲最強。而其數量之多寡。又常因自然力而變遷。如年歲之豐凶。非盡由人力所得左右。此實古代人民所最困之一問題也。夫交易之媒介物。太多太少。皆足以病國民生計。今以日用所不可缺之穀。兼充此職務。偶値年豐穀多。則民食之外。苟有餘粟。其所餘則盡以爲幣材。而一國之幣。遂供過於求矣。偶値年凶穀少。則以全國之穀。盡供民食。猶苦不足。更無餘裕以充幣材。而一國之幣。遂供不遍求矣。此古代以幣權物之政策。所以難施也。夫今世之金屬貨幣。專以爲交易媒介之用。不以爲交易目的之用。而各國政治家。所以酌盈劑虛之術。猶且戛戛然共以爲難。而況乎管子之輕重主義。不徒以單一性質之貨幣（卽金屬貨幣）爲樞機。而更須以複雜性質之貨幣（卽穀）爲樞機焉。故今世之貨幣政策則一而已。一者何。以幣權物是也。管子之貨幣政策。其條件有三。以幣權物一也。以穀權物二也。以幣權穀三也。此管子之輕重主義。所以其術彌神而其理彌奧也。

是故管子之調御國民經濟也。既約定全國所需貨幣大概之數。而謹置之。於是將此貨幣隨時伸縮其流通額。使與國民所需要相應。有時金融太緩漫。事業有萎靡之憂。則將貨幣收回於中央金庫。山國軌篇所謂國幣之九在上。一在下是也。有時金融緊迫。生計呈恐慌之象。則將貨幣散布之於市場。所謂幣在下。萬物皆在上是也。而其或收回之。或散布之。非以威力相強也。因物價之自然而乘人人之所取。取人人之所棄云爾。故曰民有餘則輕之。人君斂之以輕。民不足則重之。人君散之以重也。然則其以幣御穀之術奈何。夫穀爲百物之一。彼其以幣御物之術。其影響不得不波及於穀。固無論矣。雖然。當時之穀。兼充幣材。徒以普通御物之術御之不得也。吾觀管子調和金穀之策，竊嘆其與今世各國調和實幣與紙幣之策。若合符節也。今世之貨幣。以金銀銅等金屬品充之。此實幣也。然實幣既不便攜帶。且其獲得之與行用之。皆須有所犧牲。滋弗便也。於是也爲紙幣以代之。然發行紙幣。必須儲實幣以爲兌換之備。故紙幣之多寡。恆與所儲實幣相劑。此不易之理也。管子之所以調和金穀者亦然。前此人民以穀爲幣。而其不適於媒介之用者既甚多。管子乃廣鑄金幣以代之。吾考中國用金屬爲貨幣。實始於管子。前此雖或有之。而其勢蓋甚微弱。故穀則猶今日之實幣也。金屬貨幣則猶今日之紙幣也。今各國中央銀行。所以能握全國金融之樞機者。皆由實幣與紙幣調劑得宜。既能以實幣御物。又能以紙幣御實。管子之政策。亦猶是也。時而使穀在上。幣在下。時而使幣在上。穀在下。此猶各國實幣有時貯之於中央銀行。有時散之於市場。凡以劑其平廣其用而已矣。

一國金融之緊緩。各地不同。斂之於緩之地。而散之於緊之地。此政策之妙用也。輕重乙篇所言調齊東齊西之穀價者。操此術也。

一年金融之緊。各時不同。泰西學者謂之金融季節。斂之於緩之時。而散之於緊之時。此又政策之一妙用也。山國軌篇所謂泰春泰夏泰秋泰冬爲百物高下之時。輕重乙篇所謂歲有四秋分有四時之輕重相什相百者。蓋指此也。

然則管子所謂輕重之術可知矣。其樞紐不外由幣與穀權百物。而復以幣與穀互相權。而其所以能權之者。則當幣重物輕之時。斂物而散幣。當幣輕物重之時。斂幣而散物。當穀重物輕之時。斂物而散穀。當穀輕物重之時。斂穀而散物。當幣重穀輕之時。斂穀而散幣。當幣輕穀重之時。斂幣而散穀。質而言之。則以政府爲全國最大之商業家。而國中百物交易之價格。皆爲政府所左右也。遵是道也。則全國商業之自由。極受束縛。以今世之經濟原則衡之。其利誠不足以償其弊。然在古代。信用機關。交通機關。兩未發達之時。商業上之自由。不甚有效。雖無政府以束縛之。民未必遂蒙其利也。而徒使人民之生產者。或供多而不遇求。使人民之消費者。或求多而不遇供。故毋寧以政府立乎其間。其力足以盡求全國之所供。其力足以盡供全國之所求。苟奬勵干涉得其宜。則於助長全國民經濟之發達。蓋甚有效也。

然管子之政策。其效猶不止此。夫金融有緩緊。而物價有貴賤。在力薄之小民。固受其支配而莫可如何也。然而豪強素封之家。則其力足以乘多數貧民之急而壟斷其利。管子謂物有高下之時。卽人民相兼幷之時。誠篤論也。而彼豪強者非徒因物之高下。以弋取殊利而已。且常能左右物價使之隨己意爲高下。夫物價自然之高下。本由全社會公共經濟之現象所造成。專其利於少數之人。固已非當。況復以人力而矯揉之。使隨己意爲高下。而因以制多數人之死命。而自罔其利者哉。此雖命之曰盜賊之行可也。管子之意。以爲物價之有高下。而用人棄我取人取我與之術。常能博奇利。此經濟現象之所必至。無能遏止者也，而此種奇利。則當歸諸國家。而不當歸諸少數之私人。歸諸國家。國家還用以獎勵民業。則其利均諸全國人民。歸諸少數之私人。則一國財力所在。遂成偏枯。一方有餘。而一方不足。所謂病腫而苦跡盭也。管子所以必以國家操此權者。蓋爲是也。

夫商業之自由。放任過甚。則少數之豪強。常能用不正之手段以左右物價。苦人民而獨占其利。此徵諸今世之產業組織而可知也。近世有所謂卡特爾者 Kartell。有所謂託辣斯者 Trust。皆取於最近二三十年間。而其力足以左右全國之物價。甚者乃足以左右全世界之物價。識者謂其專制之淫威。視野蠻時代之君主。殆有甚焉。而各國大政治家。方相率宵旰焦慮。謀所以對待之而未得其道也。於是乎有所謂社會主義一派之學說。欲盡禁商業之自由。而舉社會之交易機關。悉由國家掌之。此其說雖非可遂行於今日。然欲爲根本救治。舍此蓋無術也。而此主義。當二千年前有實行之者焉。吾中國之管子是也。

古代之政治家。所以抑制豪強兼幷之術。往往有禁民之貸金取息者。亦有以法律限息率不許過高者。吾國漢唐以來。相沿行之。而息率之限。前大清律例尙存其文。泰西則希臘羅馬皆有此制。中世各國限制尤嚴、直至十九世紀始漸廢之。然猶未能絕也。夫富民貸而取重息。誠爲朘削貧民之一顯弊。有國牧民者。固不容坐視。雖然貧民之貣焉者。必有其大不得已者在、禁貸而絕貣。以是爲保護貧民。而不知益以困絕之也。若夫以法規定息率。視彼禁絕貸貣者。爲道固稍進。然貧民之忍重息而舉債也。必亦有其大不得已者在。貣者多而貸者寡。求過於供。息率勢不得不昂。強以法律限制之。則貣者於普通率息之外。更須索犯法之保險費。然後肯出貸。是欲輕之而反以重之也。故謀國者不爲此下愍之策。惟設法以立完備之金融機關。使一國現有之資本流通捷而效力增。而將來之資本。緣而增殖。則利息之日下。不期而自致焉。各國現行之政策是也。而管子則深明此義者也。故民之貸金取息者。非惟不禁且獎勵之。而取息多寡。亦未嘗一爲干涉。爲將金融之樞紐握諸政府。使民之欲貣者。不必仰鼻息於豪強。而政府得隨時以濟其困。卽今世銀行所盡之職務也。夫銀行應由政府辦理與否。其利害固當別論。然以二千年前之人。而知銀行爲匡濟生民之要具。其識見之度越尋常。豈可思議耶。

理財政策　財政與國民經濟。關係甚密切。苟財政辦理失當。則國民經濟。必緣此而萎悴。而國民經濟既已萎悴，欲求財政之豐。決不可得。有子曰。百姓足。君孰與不足。百姓不足。君孰與足。是也。吾今請語管子之財政策。

聚斂之臣之治財政也。惟求國庫之充實而已。而管子則異是。其言曰。

（權修篇）地之生財有時。民之用力有倦。而人君之欲無窮。以有時與有倦養無窮之君。而度量不生於其前。則上下相疾也。故取於民有度。用之有止。國雖小必安。取於民無度。用之不止。國雖大必危。

此管子理財之根本觀念。一方面與其法治主義之精神相應。一方面與其國民經濟政策之精神相應者也。管子又言曰。

輕重甲篇事再其本。按謂人民生產事業所獲之贏能倍於其資本也．下仿此．則無賣其子者。事三其本。則衣食足。事四其本。則正籍給。籍謂租稅．事五其本。則遠近通。死得藏。今事不能再其本。而上之求焉無止。是使姦涂不可獨行。遺財不可包止。隨之以法。則是下艾民。食三升。則鄉有正食而盜。按謂僅得三升之食．則有盜也．下仿此．食二升。則里有正食而盜。食一升則家有正食而盜。今操不反之事。按謂事業不能償其資本．資本一擲而無回復．故曰不反之事．而食四十倍之粟。按謂穀價四十倍也．而求民之毋失。不可得矣。且君朝令而求夕具。有者出其財。無有者賣其衣履，農夫糶其五穀。三分賈而去。謂將其所有賤而售之．僅得價十分之三也．是君朝令一怒。字疑誤布帛流越而之天下。按之往也．謂流往外國也．君求焉而無止。民無以待之。走亡而棲山阜。持戈之士。顧不見親。家族失。而不分。疑有訛奪民走於中。而士遁於外。此不待戰而內敗。

此極言財政失當之弊。充其量可以亡國也。近世言財政學者。謂國家之取於民。當量其力所能負擔。議其收所得稅也。取其生計必需之最少額免除之。凡以使民不病也。不特此也。各種租稅。皆察人民歲入之羨餘可以充日常消費之用者。然後取之。其方爲母財。貲以殖子息者。則不之取也。此何以故。蓋欲求租稅之豐。必先涵養稅源。何謂稅源。國民之資本是也。必使一國資本。悉投諸生產事業。常能孳殖子息。然後國民生計。日有餘裕。而租稅之源。可以汩汩繼續而無竭。而不然者。涔蹄之水。一汲而盡矣。夫租稅過重。則必至稅及資本。資本不能回復。則全國生產力。遂日耗月蝕而無復存。國之亡可立而待也。管子所謂不反之事者此也。

管子之財政策。以不收租稅爲原則。以收租稅爲例外。此實一種最奇之財政計畫也。吾名之曰無稅主義。今舉其說。

國蓄篇 以室廡籍。籍者。稅也。謂之毀成。以六畜籍。謂之止生。以田畝籍。謂之禁耕。以正人籍。房注云。正數之人若丁壯也。按即後世之丁稅。謂之情離。以正戶籍。謂之養贏。房注云。贏謂大賈蓄家也。正數之戶。既避其籍。則至浮浪爲大賈蓄家之所役屬。增其利耳。五者不可畢用。故王者徧徧當作偏行而不盡也。

又 今人君籍求於民。令曰。十日而具。則財物之賈按同價什去一。令曰。八日而具。則財物之賈什去二。令曰。五日而具。則財物之賈什去半。朝令而夕具。則財物之賈什去九。先王知其然。故不求於萬民。

而籍於號令也。

又 民予則喜。奪則怒。民情皆然。先王知其然。故見予之形。不見奪之理。故民愛可洽於上也。租籍者。所以強求也。租稅者所慮而請也。（房注云。慮計也。）王霸之君。去其所以強求。廢其所慮而請。故天下樂從也。

此管子無稅主義之大概也。考其所以持此主義之理由。其一則以爲租稅妨害國民生產力也。其二則以爲租稅奪國民之所得也。其三則以爲租稅買國民之嫌怨也。此三者皆持之有故言之成理。即今世言財政學者。亦不能具斥其非也。雖然國家舍租稅而欲得歲入。其道何從。則請畢管子之說。

海王篇 桓公問於管子曰。吾欲籍於臺雉何如。管子對曰。此毀成也。吾欲籍於樹木。管子對曰。此伐生也。吾欲籍於六畜。管子對曰。此殺生也。吾欲籍於人何如。管子對曰。此隱情也。桓公曰。然則吾何以爲國。管子對曰。唯官山海爲可耳。桓公曰。何謂官山海。管子對曰。海王之國。謹正鹽筴。桓公曰。何謂正鹽筴。管子對曰。十口之家。十人食鹽。百口之家。百人食鹽。終月。大男食鹽五升少半。大女食鹽三升少半。吾子食鹽二升少半。（房注云。吾子謂小男小女。）此其大曆也。（房注云。曆數也。）鹽百升而釜。（按謂以百升爲一釜。）令鹽之重。升加分彊。釜五十也。（房注云。分半也。今使鹽官稅其鹽之重。每一升加半合而取之。則一釜得五十合。）升加一彊。釜百也。升加二彊。釜二百也。

鐘二千。十釜爲鍾。十鐘二萬。百鐘二十萬。千鐘二百萬。萬乘之國。人數開口千萬也。禺筴之商日二百萬。房注云。禺讀爲偶。偶對也。商計也。按此謂一國有千萬人者。其鹽稅平均計之。每日可得二百萬錢。十日二千萬。一月六千萬。萬乘之國。正九百萬也。月人三十錢之籍。十字疑衍爲錢三千萬。今吾非籍之諸君吾子。房注云。諸君謂大男大女也。而有二國之籍者六千萬。按謂若抽丁稅。每月僅得三千萬。今不抽丁稅而所得能倍之也。房注所解非是。今不采之。使君施令曰。吾將籍於諸君吾子。則必囂號。今夫給之鹽筴。則百倍歸於上。人無以避此者數也。按謂若君施令曰抽丁稅。則民必鼓譟。今專賣鹽而收其贏。民雖欲脫稅而不可得也。今鐵官之數曰。一女必有一鍼一刀。若其事立。房注云。若猶然後。耕者必有一耒一耜一銚。若其事立。行服連房注云。當作輂。軺輂者。必有一斤一鋸一錐一鑿。若其事立。不爾而成事者。天下無有。令鍼之重加一也。三十鍼一人之籍也。房注云。鍼之重每十分加一分爲彊而取之。則一女之籍得三十鍼也矣。刀之重加六。五六三十。五刀一人之籍也。耜鐵之重加七。三耜鐵一人之籍也。其餘輕重。皆准此而行。然則舉臂勝事。無不服籍者。按謂凡成丁者無不納稅也。桓公曰。然則國無山海。不王乎。管子曰。因人之山海。假之名。有海之國。讎鹽於吾國。按讎即售字。言彼國有鹽而售諸吾國也。釜十五。吾受而官出之以百。按謂彼國鹽價。每釜值十五錢。官悉買之。而轉售於吾民。則每釜取百錢。我未與其本事也。受人之事。以重相推。此人用之數也。

此管子財政策之中堅也。以今語釋之。則曰鹽與鐵皆歸政府專賣而已。鐵官之置。使人民生事之具日嗇。其法非良。故後世行之。不勝其敝。若鹽。則自秦漢以迄今日。皆以爲國家最大之稅源。雖屢更其法。卒莫能廢。即今世所謂文明國。其學者雖以鹽稅爲惡稅。倡議廢止。然廢者不過二三國。豈非以每人所課者極微。而政府所得者極豐乎。泰西各國之國稅。前此皆以直接稅爲中堅。今則殆皆以間接稅爲中堅。蓋負擔之普及。收稅費之節省。人民之感苦痛。皆間接稅之特長。若鹽又間接稅中最良之稅品也。而首發明此策者則管子也。

後世鹽法屢變。至今日而政府專賣之下。復有專賣商之一階級。故正供益絀而民病益甚。管子之法。則純粹之政府專賣法。而與今世東西各國之制。大致相合者也。

產鹽之國。固可以行鹽專賣。即不產鹽之國。亦能行之。今歐洲各國多此類也。管子所謂受人之事以重相推也。

漢武帝之鐵政。置官以行鼓鑄。其令曰。敢私鑄鐵器者。釱左趾。管子之法則不然。試舉其說。

輕重乙篇 桓公曰。衡謂寡人曰。請以令斷山木。鼓山鐵。是可以毋籍而用足。管子對曰。不可。今發徒隸而作之。則逃亡而不守。發民。則下疾怨上。邊竟有兵。則懷宿怨而不戰。未見山鐵之利而內敗矣。故善者不如與民量其重計其贏。民得其十。君得其三。

然則桑孔之鐵稅。徵之於其成器。（卽輕重乙篇所述衡之說.）管子之鐵稅。徵之於其原料。夫徵之於成器。則民之得器也益難。而見阨於政府也益甚。故管子之術。優於桑孔也。管子又立礦產國有之政策。其言曰。

（地數篇）山上有赭者。其下有鐵。上有鉛者。其下有銀。上有丹沙者。其下有鉒金。上有慈石者。其下有銅金。此山之見榮者也。苟山之見榮者。謹封而爲禁。

管子又立森林國有之政策。其言曰。

（輕重甲篇）爲人君而不能謹守其山林菹澤草萊。不可以立爲天下王。山林菹澤草萊者。薪蒸之所出。犧牲之所起也。故使民求之。使民籍之。因以給之。

（山國軌篇）宮室械器。非山無所仰。然後君立三等之租於山。曰。握以下者爲柴楂。把以上者爲室奉。（按宮室之奉也.）三圍以上爲棺椁之奉。柴楂之租若干。室奉之租若干。棺椁之租若干。

然則管子之理財政策。以鹽鐵爲主。而以礦產森林輔之。卽財政學所謂官業收入者是也。蓋此東西各國之財政。大率以租率收入爲中堅。其租稅又以直接稅爲中堅。近今則非徒租稅中之間接稅代直接稅而興也。而官業收入且駸駸乎奪租稅收入之席。德國及澳洲聯邦導其先路。俄羅斯日本等國步其後塵。若國有鐵路國有森林鹽專賣煙專賣酒專賣等。其條目也。此類之收入日增。則各種租稅可以漸減。管子所謂無籍而國用足者庶幾見之矣。德國碩儒華克拿氏之論財政。極贊嘆官業收入之善。謂勝於以租稅爲財源。其說雖未免偏畸。然大勢所趨。固不可遏矣。而我國之管子。則於二千年前已實行此政策。使華克拿見之。其感嘆又當何如。

管子於前此所舉數種官業之外。更有一業焉爲國家莫大之財源者。則商業是矣。其言曰。

國蓄篇 凡五穀者。萬物之主也。穀貴則萬物必賤。穀賤則萬物必貴。兩者爲敵。則不俱平。故人君御穀物之迭相勝。而操事於其不平之間。故萬民無籍而國利歸於君也。中歲之穀。糶石十錢。大男食四石。月有四十之籍。大女食三石。月有三十之籍。吾子食二石。月有二十之籍。歲凶穀貴。糴石二十錢。則大男有八十之籍。大女有六十之籍。吾子有四十之籍。是人君非發號令。收嗇而戶籍也。房注云。嗇斂也。按嗇卽穡字。彼人君守其本委謹。房注云。委謂所委積之物也。謹嚴也。而男女諸君吾子。有不服籍者也。一人廩食。十人得餘。十人稟食。百人得餘。百人稟食。千人得餘。中略視物之輕重而御之以准。故貴賤可調。而君得其利」

按此一種之間接稅。而變其形以爲官業者也。其法蓋當豐穰之歲。穀價極賤。粒米狼戾。委積而無所得值。政府則以幣予民。而易其粟以斂之。及至中歲粟每石值十錢。凶歲每石值二十錢。政府則照時價而糶粟與民。是民當豐歲。不至以餘粟爲苦。而當中歲凶歲。亦不慮無所得食。於民甚便。而政府每石得十錢或二十錢之利。不必直接收稅。而與收稅無異也。且此術不徒施之於穀而已。凡百物之爲民用者。莫不權乎其輕重之間而斂散之。質而言之。則全國最大之商業。掌於政府而取其贏以代租稅也。管子之財政。以不收租稅爲原則。雖然。亦有例外焉。時或收租稅。則借之以爲均劑分配之一手段也。輕重丁篇云。「請以令籍人三十泉。齊西出三斗而決其籍。齊東出三釜而決其籍」全文見此前節。因各地方之豐凶不同。而借此以均之也。又山國軌篇云。

去其田賦。以租其山。巨家重葬其親者。服重租。小家菲葬其親者。服小租。巨家美修其宮室者。服重租。小家爲室廬者。服小租」上立軌於國。民之貧富。如加之以繩。按蓋謂免田賦而不征。惟征之於山林。巨家厚葬及美宮室者。皆使納重租。而小家則反之。其課稅之目的物。則構宮室製棺槨之材木也。租之輕重。以國民之貧富爲衡。如以繩正之也。

財政學家論租稅之原則。謂必當測國民之納稅力使各適應之以均其負擔。蓋富者負擔宜加重。貧者負擔宜遞輕。故其於直接稅也。則行累進稅法。而生計必要之最小額。概與豁除。其於間接稅也。則重奢侈品。而日用必需品則免之。凡所以使貧民不病。而富民得應於其力以荷國費之大部分也。管子所謂民之貧富。如加之以繩。即此義也。

華克拿曰。昔之租稅。專以充國庫之收入爲目的。今則於此目的之外。更有其他之一種重要目的焉。即借之以均社會之貧富是也。管子之租稅政策。則與華氏不謀而合者也。

管子之財政策。此外尚有一妙用焉。則將國費之負擔轉嫁於外國人民是也。此當於別節論之。

國際經濟政策　管子曰。「國之存也。鄰國有焉。國之亡也。鄰國有焉。（霸言篇）我國自秦漢以後。爲大一統之國者千餘年。環列皆小蠻夷。其文物勢力。不足與我相競。故謀國者於對外政略。莫或厝意焉。即有交涉。亦不過攻掠戰爭之事。若夫經濟力之一消一長。能影響於一國之興亡。此則秦漢以後之政治家外交家所未嘗夢想也。歐洲則不然。彼自千年以來。皆列國並立。勢均力敵。境壤相接。交通夙開。故其人之奮於商戰也。視兵戰爲尤力。而其政治家所以指導之者。尤一刻不敢懈。昔者英之克林威爾。法之哥巴。近者德之俾斯麥。英之張伯倫。皆竭畢生之精力以從事於此者也。是故自由貿易保護貿易之論辨喧於野。關稅同盟關稅報復之政策鬨於朝。豈不以一國之存。其原因發自鄰國者至夥且鉅。而所以對待之者。不可不慎乎哉。若我管子則深明此意者也。

管子嘗論國勢與經濟之關係曰。

（國蓄篇）前有萬乘之國。而後有千乘之國。謂之抵國。前有千乘之國。而後有萬乘之國。謂之距國。壤正方。四面受敵。謂之衢國。以百乘衢處。謂之託食之君。千乘衢處。壤削少半。萬乘衢處。壤削太半。何謂百乘衢處。託食之君也。夫以百乘衢處。危慴圍阻千乘萬乘之間。夫國之君不相中。舉兵而相攻。必以爲扞格蔽圉之用。有功利。不得鄉。（按古嚮字。）大臣死於外。分壤而功列陳。（按古陣字。謂分地以賞列陣者之功也。）繫纍獲虜。分賞而祿。是壤地盡於功賞。而稅臧殫於繼孤也。（按臧古藏字。謂稅帑悉爲撫卹軍人遺族之用也。）是特名羅於爲君耳。無壤之有。號有百乘之守。而實無尺壤之用。故謂託食之君。然則大國內款。小國用盡。何以及此。曰百乘之國。官賦軌符。乘四時之朝夕。（按朝夕者。盈虛之義。）御之以輕重之准。然後百乘可及也。千乘之國。封天財之所植。械器之所出。財物之所生。視歲之滿虛。而輕重其祿。然後千乘可足也。萬乘之國。守歲之滿虛。乘民之緩急。正其號令。而御其大准。然後萬乘可資也。山至數篇有山處之國。有氾下多水之國。有山地分之國。按謂山谷與平原各半也。有水泆之國。有漏壤之國。此國之五勢。人君之所憂也。山處之國。常藏國穀三分之一。氾下多水之國。常操國穀三分之一。山地分之國。常操國穀十分之三。水泉之所傷水泆之國。常操十分之二。漏壤之國。謹下諸侯之五穀。與工。雕文梓器。以下天下之五穀。按言當獎勵工業。與外國以工藝品而易取其穀也。此准時五勢之數也。

此汎論國勢與經濟之關係。言各國所處地位不同。其經濟政策。亦當隨之而異。然苟得其術以御之。則雖較弱之國。猶足以圖存而致強也。此其說徵諸世界現勢而可信也。彼荷蘭比利時。皆以蕞爾國當列強之衢。而顧以富聞於天下者。經濟政策得宜故也。即如彼英國。其國內之農產物。曾不足以資其國三月之民食。而不以爲病者。彼能以工藝下天下之五穀也。

管子問於桓公。敢問齊方於幾何里。桓公曰。方五百里。管子曰。陰雍長城之地。其於齊國。三分之一。非穀之所生也。溯龍夏。其於齊國。四分之一也。朝夕外之所墆齊地者。五分之一。非穀之所生也。然則吾非託食之主耶。輕重丁篇。然則以齊之國勢。宜其永爲諸侯弱。而管子乃能用之以致富強匡天下者何也。

則所以善用對外經濟政策者得其道也。今請言管子之對外經濟政策、

（輕重丁篇）善爲國者。守其國之財、湯之以高下注之以徐疾。一可以爲百未嘗籍求於民。而使用若河海。終則有始、此謂守物而御天下也。

（揆度篇）善爲國者、如金石之相舉。重鈞則金傾。故治權則勢重。治道則勢贏。今穀重於吾國。輕於天下。則諸侯之自泄。如原水之就下。故物重則至。輕則去。有以重至而輕處者。我動而錯之。天下即已於我矣。

（地數篇）桓公問於管子曰。吾欲守國財、而毋稅於天下。而外因天下。可乎。管子對曰。可。夫水激而流渠。令疾而物重。先王理其號令之徐疾。內守國財。而外因天下矣。桓公曰。其行事奈何、管子曰。昔者武王有巨橋之粟。貴糴之數。桓公曰。爲之奈何。管子曰。武王立重泉之戍。令曰。民自有百鼓之粟者不行。民舉所最粟。（房注云。最聚也。）以避重泉之戍、而國穀二什倍。巨橋之粟亦二什倍。（按謂穀價漲二十倍。）武王以巨橋之粟二什倍、而市繒帛。軍五歲。毋籍衣於民。以巨橋之粟二什倍而衡黃金百萬。終身無籍於民。准衡之數也。桓公曰、今亦可以行此乎。管子曰。可。夫楚有汝漢之金。齊有渠展之鹽、燕有遼東之煮。

此三者。亦可以當武王之數。十口之家。十人咶鹽。百口之家。百人咶鹽。凡食鹽之數。一月丈夫五升少半。婦人三升少半。嬰兒二升少半。鹽之重少加分耗。而釜五十升。加一耗。而釜百升。加十耗而釜千。君伐菹薪。煮泲水爲鹽。正而積之三萬鐘。至陽春。請籍於時。桓公曰。何謂籍於時。管子曰。陽春農事方作。令民毋得築垣牆繕冢墓治宮室。立臺榭。北海之衆。毋得聚庸而煮鹽。然則鹽之賈必四什倍。君以四什之賈。修河濟之流。南輸梁趙宋衞濮陽。惡食無鹽則腫。守圉之本。其用鹽獨重。君伐菹薪。煮沸水以籍於天下。然則天下不減矣。

輕重甲篇 管子曰。陰王之國有三。而齊與在焉。桓公曰。此若言可得聞乎。管子曰。楚有汝漢之黃金。而齊有渠展之鹽。燕有遼東之煮。此陰王之國也。且楚之有黃金。中齊有菑石也。苟有操之不工用之不善。天下睨而是耳。使夷吾得居楚之黃金。吾能令農毋耕而食。女毋織而衣。今齊有渠展之鹽。請君伐菹薪煮沸水爲鹽。正而積之。桓公曰。諾。十月始正。至於正月。成鹽三萬六千鐘。召管子而問曰。安用此鹽而可。管子對曰。孟春既至。農事且起。大夫毋得繕冢墓。理宮室。立臺榭。築牆垣。北海之衆。毋得聚庸而煮鹽。房注云。本意禁人煮鹽。託以農事。慮有妨奪。先自大夫起。欲人不知其機。斯爲權術。若此。則鹽必坐長而十倍。桓公曰。善。行事奈何。管子曰。請以令糶之梁趙宋衞濮陽。彼盡饋食之國也。無鹽則腫。守圉之國。用鹽獨甚。桓公曰。諾。乃以令使糶之。得成金萬一千餘斤。桓公召管子而問曰。安用金而可。管子曰。請以令使賀獻。出正籍者（按正征也。籍稅也。）必以金。金坐長而百倍。運金之重。以衡萬物。盡歸於君。故此所謂用。若挹於河海。若輸之給馬。此陰王之業。

此管子對外經濟政策之第一着也。其要點在獎勵本國特長之產物。以人力造成獨占價格。而吸其贏於外國。夫無論何國。皆緣其氣候壤質民業之異。而各有其特長之產物。如英國之煤鐵。中國之絲茶。印度之綿花鴉片。美國之菽麥等類是也。凡此等物。不能善用之。則其利漸爲人所攘奪。苟能善用之。則持此可以稱霸於天下。而春秋時代之齊國。則以鹽爲其特長之產物者也。故管子首利用之。其利用之之策如何。凡所謂一國特長之產物者。必其物爲他國所無有。或雖有之而其質與量皆不及我。或其生產費之廉不能如我者也。夫如是故可以造成獨占價格。獨占價格者。其價格之高下。惟吾所欲。惟吾所命也。凡物之能造成獨占價格者。其要件有三。一曰其物之全部或大部分爲我所獨有。二曰其物爲人生日用所必需。三曰其物之生產總額。能以人力限制之。故有競爭而生產太多。則獨占價格不成立。欲造獨占價格。必先杜絕競爭。限制生產。及夫獨占之勢旣成。則全世界之欲得此物者。不得不俯伏以丐諸我。我雖十倍其值。而人莫能靳矣。此術也泰西諸國近十餘年來大行之。現在偏美國之託辣斯其代表也。其法先兼併同業者。使之就我範圍。次乃察全國或全世界消費此物之總約額。約共幾何。如其數以製造之。使求常過於供。而價目不得不勝而利遂常歸於己。美國產業所以以雷霆萬鈞之力。震壓歐洲。使歐洲諸先進國恐慴而困於防禦者。皆以此也。夫此等手段。以道德之原則律之。其爲不正。固無待言。然在列國並立之世。「國際無道德」一語。已深中於人心。弱肉強食。何國蔑然。苟有可以利吾國者。遑恤其病及人國。此實現今列國商戰之慘狀。我國人所蘧然未嘗覺者也。而豈知發明此術實行之而灼著成效者。乃在管子。管子之治鹽也。知其物爲齊所獨有。又知其爲梁趙宋衞濮陽所必需。乃限制其生產額。而昂其價。坐收十倍之利。此卽今世托辣斯所用之手段。所至辟易而莫能禦者也。特托辣斯之利。私人占之。管子則由國家行之耳。夫以現今歐洲各國之產業家。猶不能敵美國一私人之托辣斯。況當管子之時。各國之政府人民。無一解經濟上之原理者哉。以之與管子遇。直如卵之見壓於泰山而已。此管子所以奏全勝也。

抑獨占價格者。又非必吾所自產之物而始能行之也。卽吾所本無之物。亦能行之。蓋有資本。則能盡籠百貨。使歸於己。今天下之欲得貨者。不能舍我而他求。則價之高下。又惟我所命矣。所謂買賣獨占是也。管子旣以獨占鹽利之故。一舉而攫他國之金萬餘斤。資本之豪。旣舉世莫敵。於是復相時變察物情。以斂輕散重之術。行諸他物。而其第二次所獨占者。卽金也。天下所有金本不多。其產額之增加。更不能驟。當時之金。蓋天然具有能獨占之性質者也。金之大部分。已在齊政府。齊政府鑰之不使出。金價固已騰貴矣。而彼復令民之賀獻出征籍者必用金。則齊國境內之金價愈騰。而各國民之有金者。競輸之於齊以求利。若水就下。此必然之勢也。此又徵諸現今之實例而可知也。今英國之英倫銀行。若因紙幣準備金缺乏之故。而欲吸收正金。則抬高其利率。使出他國之上。則德法美俄各國之金。滔滔而注入英國。若水就壑。其於金也。欲招之來則來。欲麾之去則去。惟英倫銀行所欲。無不如意也。不解經濟學理者驟聞之。鮮不以爲奇。不知此乃一定之原則。如一加一之必爲二也。管子惟深明此理。故能以術盡籠天下之金。使歸於齊。夫天下之金。旣歸於齊。則各國皆以乏金之故。其金價之昂。必與齊等。或視齊更甚焉。然金價之漲落。恆與物價之漲落成反比例。各國之金價大騰。則各國之物價大賤必矣。於是乎管子又得施其輕重之術。

管子第三次所獨占者。則穀也。穀爲人生日用必需之品。其爲力固已至偉。而當時兼用之爲貨幣。故其影響於國民經濟。視今爲尤重。天下之金。既聚於齊國政府。則無論在齊國在外國。而百物之價皆不得不賤。穀亦其一也。然穀以兼爲貨幣之故。則雖對於金而見爲賤者。對於他物而猶見爲貴。於斯時也管子則利用其金。以謀獨占天下之穀。先出政府之金。以購境內之穀。使齊國境內之穀價高於鄰國。則鄰國民之趨利者。自相率輦其穀而輸諸齊。故其言曰。「滕魯之粟釜百。(言每釜値百錢)則使吾國之粟釜千。滕魯之粟四流而歸我。若下深谷。」(輕重乙篇)又曰「彼諸侯之穀十。(言其價爲十也)使吾國穀二十。則諸侯穀歸吾國矣。」(山至數篇)夫齊政府既盡籠天下之金。卽出其一部分以市穀。其金固未散盡。其優勢固猶足以制天下也。而一轉圜間。天下大部分之穀。又爲齊所獨占。故以瀉鹵之齊。(史記貨殖傳云。齊地瀉鹵)其地不產穀者四之一。而常能以多穀稱雄於天下。齊政府既握金穀之二大權。時其盈虛。以操縱天下百物。天下百物之價。遂成爲齊政府之獨占價格高下。悉惟所命矣。

然此種政策非一度之而遂可以永保優勢也。必須賡續常用。而罔或失其機宜。管子又言曰。

地數篇　夫本富而財物衆。不能守、則稅於天下。五穀興豐巨錢。而天下貴。則稅於天下。然則吾民常爲天下虜矣。夫善用本者。若以身濟於大海。觀風之所起。天下高則高。天下下則下。天高我下。則財利稅於天下矣。

輕重乙篇　衡者使物一高一下。不得常固。

輕重甲篇　輕重無數。物發而應之。聞聲而乘之。

山權數篇　軌守其數。准平其流。動於未形。而守事已成。物一也。而十。是九爲用。徐疾之數。輕重之筴也。一可以爲十。十可以爲百。引十之半。而藏四。以五操事。在君之決塞。

輕重甲篇　萬物通則萬物運。萬物運則萬物賤。萬物賤則萬物可因。知萬物之可因而不因者。奪於天下。

地數篇　夫齊衢處之本。通達所出也。游子勝商之所道。人求本者。食吾本粟。因吾本幣。騏驥黃金。然後出令有徐疾。物有輕重。然後天下之寶。壹爲我用。善者用非有。使非人。按謂非我之所有者而我能用之。非我之人民而我能使之也。

要而論之。管子之經濟政策。不外以金穀御百物。而復以金與穀互相御此政策。一面用以對內。一面用以對外。其用以對內。卽以爲對外之地也。以管子之識。管子之才。既自造此。而復自乘之。因以控制天下。天下各國人民之養生送死之具。其柄無不操自管子。予之奪之。貧之富之。皆惟管子所命。然則各國欲不爲齊役也得乎。「桓公問管子曰。請問用兵奈何。管子對曰。戰衡戰准戰流戰權戰勢。五戰而至於兵。」（輕重甲篇）然則管子所以能九合諸侯一匡天下者。豈有他哉。亦對外經濟政策之成功而已。

今請舉其成功之跡。

（輕重戊篇）桓公曰。魯梁之於齊也。千穀也。蠭螫也。齒之有脣也。今吾欲下魯梁。何行而可。管子對曰。魯梁之民俗爲綈。公服綈。令左右服之。民從而服之。公因令齊勿敢爲。必仰於魯梁。則是魯梁釋其農事而作綈矣。桓公曰。諾。卽爲服於泰山之陽。十日而服之。管子告魯梁之賈人曰。子爲我致綈千匹。賜子金三百斤。什至而金三千斤。則是魯梁不賦於民。財用足也。魯梁之君聞之。則教其民爲綈。十三月。而管子令人之魯梁。魯梁郭中之民。道路揚塵。十步不相見。絏繑而踵相隨。車轂齺騎連伍而行。管子曰。魯梁可下矣。公曰。奈何。管子對曰。公宜服帛。率民去綈。閉關。毋與魯梁通使。公曰。諾。後十月管子令人之魯梁。魯梁之民。餓餒相及。應聲之正。（謂急速之賦。正音征。）無以給上。魯梁之君。卽令其民去綈修農穀。不可以三月而得魯梁之人糴十百。（穀斗千錢）齊糴十錢。（穀斗十錢）二十四月。魯梁之民歸齊者。十分之六。三年。魯梁之君請服。

又桓公問於管子曰。萊莒與柴田相幷。爲之奈何。管子對曰。萊莒之山生柴。君其率白徒之卒。鑄莊山之金以爲幣。重萊之柴賈。萊君聞之告左右曰。金幣者。人之所重也。柴者。吾國之奇出也。以吾國之奇出。盡齊之重寶。則齊可幷也。萊卽釋其耕農而治柴。管子卽令隰朋反農。二年。桓公止柴。萊莒之糴三百七十。齊糶十錢。萊莒之民降齊者。十分之七。二十八月。萊莒之君請服。

又桓公問於管子曰。楚者山東之強國也。其人民習戰鬬之道。舉兵伐之。恐力不能過。兵弊於楚。功不成於周。爲之奈何。管子對曰。卽以戰鬬之道與之矣。公曰。何謂也。管子對曰。公貴買其鹿。桓公卽爲百里之城。使人之楚買生鹿。楚生鹿當一而八萬。管子卽令桓公與民通輕重。藏穀什之六。令左司馬伯公將白徒。而鑄錢於莊山。令中大夫王邑載錢二千萬求生鹿於楚。楚王聞之。告其相曰。彼金錢人之所重也。國之所以存。明主之所以賞有功。禽獸者。羣害也。明王之所棄逐也。今齊以其重寶。貴買吾羣害。則是楚之福也。天且以齊私楚也。子告吾民。急求生鹿。以盡齊之寶。楚民卽釋其耕農而田鹿。管子告楚之賈人曰。子爲我致生鹿二十。賜子金百斤。什至。而金千斤也。則是楚不賦於民。而財用足也。楚之男子居外。女子居涂。隰朋教民藏粟五倍。楚以生鹿藏錢五倍。管子曰。楚可下矣。公曰。奈何。管子對曰。楚錢五倍。其君且自得而修穀。錢五倍。是楚強也。桓公曰。諾。因令人閉關。不與楚通使。楚王果自得而修穀。穀不可三月而得也。楚糴四百。齊因令人載粟處芊之南。楚人降齊者。十分之四。三年而楚服。

又 桓公問於管子曰。代國之出何有。管子對曰。代之出。狐白之皮。公其貴買之。管子曰。狐白應陰陽之變。六月而一見。公貴買之。代人忘其難得。喜其貴買。必相率而求之。則是齊金錢不必出。代民必去其本而居山林之中。離枝聞之。必侵其北。離枝侵其北。代必歸於齊。公因令齊載金錢而往。桓公曰。諾。卽令中大夫王師北將人徒。載金錢之代谷之上。求狐曰之皮。代王聞之。卽告其相曰。代之所以弱於離枝者。以無金錢也。今齊乃以金錢求狐白之皮。是代之福也。子急令民求狐白之皮。以致齊之幣。寡人將以來離枝之民。代人果去其本。處山林之中。求狐白之皮。二十四月。而不得一。離枝聞之。則侵其北。代王聞之大恐。則將其士卒。葆於代谷之上。離枝遂侵其北。王卽將其士卒。願以下齊。齊未亡一錢幣。修使三年而代服。

又桓公問於管子曰。吾欲制衡山之術。爲之奈何。管子對曰。公其令人貴買衡山之械器而賣之。燕代必從公而買之。秦趙聞之。必與公事之。衡山之械器。必倍其賈。天下爭之。衡山械器。必什倍以上。公曰。諾。因令人之衡山。求買械器。不敢辯其貴賈。齊修械器於衡山十月。燕代聞之。果令人之衡山求買械器。燕代修三月。秦國聞之。果令人之衡山。求買械器。衡山之君。告其相曰。天下爭吾械器。令其賈再什以上。衡山之民釋其本。修械器之巧。齊卽令隰朋漕粟於趙。趙糴十五。隰朋取之。石五十。天下聞之。載粟而之齊。齊修械器十七月。修糴五月。卽閉關。不與衡山通使。燕代秦趙。卽引其使而歸。衡山械器盡。魯削衡山之南。齊削衡山之北。內自量無械器以應二敵。卽奉國而歸齊矣。

此管子以商戰滅人國之成效也。由今觀之。其道雖若近於滑稽。然實有至理存焉。近世之言國民經濟學者。皆謂一國之中。必須各種產業同時發達。萬不可有所偏廢。就中如日常生活必需之品。尤當自產之。而不可仰給於外人。卽如現在英國。惟務工商。農業日廢。雖富甲天下。而國中有識者。猶憂之當英國廢止穀物條例時。（事在西歷千八百四十六年。）其反對黨昌言曰。今國之民食。仰諸鄰封。一旦有事。敵國閉關不與我通。我勢不得不乞降。是明毀政治之獨立。而使我民爲人虜也云云。幸而英國穀食。非專仰給於一國。其海軍力又常能優制海權耳。不然則此事固足以病英矣。（前年海運調查官蘇伯里氏。猶以此問題質諸當局。）而當拿破崙盛時。聯歐洲大陸。以行保護貿易合縱擯英。英且幾蹶。此亦前事之師矣。夫以甲國所生產之物。而專仰消費於乙國。苟乙國一旦停止其需要。則甲國必蹶。以乙國所消費之物。而專仰生產於甲國。苟甲國一旦停止其供給。則乙國必蹶。此自然之理也。在今日各國發達。交通盛開。而各國人民互市之自由。均以條約規定之。不能以政府之力任意閉關。一國所生產之物。非必仰需要於一國。而常有多數國與之競爭。一國所消費之物。又非必仰供給於一國。而亦常有多數國與之競爭。則夫欲以經濟政策弱亡人國者。其手段不能如管子之簡易。此無待言。然使我國突然禁鴉片入口。則其影響於印度者何如。使暹羅緬甸突然禁米出口。我國突然禁豆出口。則其影響於日本者何如。是知一國之產業。苟有所偏畸。則敵人既得乘我所豐者。以困我。又得乘我所乏者。以困我。此保護貿易政策所以爲今世諸國所同趨也。明乎此理。則知當時管子之能以此政策。以弱四鄰。必非夸而誕矣。（後人多有疑輕重爲僞書者。傅玄孔穎達葉水心黃震趙用賢。皆極力指摘之。曰。此諸篇詭奪特多。幾不能讀。一曰。其所言經濟學理。極爲深奧。我國此學。尙不發達。故讀者不能索解。卽如此段所列諸條。後人謂必無是理豈知其爲事所必至理所固然者哉。

管子雖用金幣以操縱天下。然其籌國民經濟也。以金幣爲手段。而不以之爲目的。蓋以金幣與財富。截然不同物也。此義也歐洲學者。直至十七世紀以後。始能知之。而管子則審之至熟者也。又貨幣價格之與物價成反比例也。貨幣數量之與物價必成正比例也。此義直至斯密亞丹始發明之。而管子則又審之至熟者也。夫以當時并世之人。無一人能解此理。無一人能操此術。而惟管子以宏達之識。密察之才。其於百物之情狀。視之洞若觀火。而躬筦其機以開闔之。安得不舉天下而爲之役哉。

商君

傳略　史記曰。「商君者衞之諸庶孼公子也。名鞅。姓公孫氏。其祖本姬姓也。鞅少好刑名之學。事魏相公叔痤爲中庶子。——公叔既死。公孫鞅聞秦孝公下令國中求賢者。迺遂西入秦。因孝公寵臣景監以求見孝公。孝公以衞鞅爲左庶長。定變法之令。行之十年。秦民大說。鄉邑大治。封之於商十五邑。號爲商君。孝公卒。太子立。公子虔之徒。告商君欲反。發吏捕商君。裂以殉。並滅其家。」又曰。「余嘗讀商君開塞耕戰書。與其人行事相類。」一商君傳。

均產　商君在吾國經濟史上開一新紀元者。即爲廢井田開阡陌。（案井田廢壞・肇於周之東遷・已於本書第三章孟子文中言之・其後僅存阡陌之跡・商鞅圖秦富強・乃併此跡亦去之也・）此事後人有絕反之二議。譽者謂「爲田開阡陌封疆而稅賦平。」「道不拾遺。山無盜賊。家給人足。」（史記商君傳太史公語・）「決裂阡陌。靜生民之業。而一其俗。」（蔡澤語・見史記本傳引・）毀者譏以「秦人家富子壯則出分。家貧子壯則出贅。父借耰鉏。慮有德色。母取箕帚。立而誶語。其慈子嗜利不同禽獸者希矣。」（賈子時變篇・漢書賈誼傳引・）「王制遂滅。僭差亡度。庶人之富者累鉅萬。而貧者食糟糠。」（漢書食貨志・）余意功罪姑不論。而其爲應時勢之需要。則係事實。考阡陌爲田間之道路。東西爲阡。南北爲陌。蓋因田之疆畔。制其廣狹。辨其縱橫。以通人物之往來。即周禮所謂遂上之徑。溝上之畛。洫上之涂。澮上之道也。（周時溝洫之制・夫間有遂・遂上有徑・十夫有溝・溝上有畛・百夫有洫・洫上有涂・千夫有澮・澮上有道・）然遂廣二尺。溝四尺。洫八尺。澮二尋則丈有六尺矣。徑容牛馬。畛容大車。涂乘一軌。道二軌。棄地甚多。而耕者限於百畝。人力地利。俱不得盡。又當世衰德微之時。則其歸授之際。必不免爲煩擾欺隱之姦。而阡陌之切近民田。必又有自私而稅不入於公上者。是以一旦奮然不顧。盡開阡陌。悉除禁限。而聽民兼並賣買。以盡人力。墾闢棄地。悉爲田疇。而不使其有尺寸之遺。以盡地利。使民有田。即爲永業。而不復歸授。以絕煩擾欺隱之姦。使地皆爲田。而田皆出稅。以杜陰據自私之弊。故商鞅開阡陌。而三代井田之制。蕩然無存。實事實使然。觀其言曰「古者地廣民衆萬物多。故分五官而守之。民衆而姦邪生。故立法制爲度量以禁之。」（君臣）又曰。「凡仁者以愛民爲務。而賢者以相出爲道。民衆而無別。久而相出爲道。則有亂。故聖王承之。作爲土地貨財男女之分。分定而無制不可。故立禁。」（開塞）可知私產成於自然演進。非人力故爲。至爲此而設政法。亦豈絕無理據。

商君雖認私產制。然樂利人所同欲。彼曰。「民之性。飢而求食。勞而求佚。苦則索樂。辱則求榮。此民之情也。」（算地）「羞辱勞苦者。民之所惡也。顯榮佚樂者。民之所務也。」（同上）是貧富過殊。亦非情理所宜許。商君則主利用政治。施以截補。其言曰。「貧者使以刑則富。富者使以賞則貧。治國能令貧者富。富者貧。則國多力。多力者王。」（去彊）又曰「貧者益之以刑則富。富者損之以賞則貧。治國之舉。貴令貧者富。富者貧。」（說民）蓋飽煖則思淫。飢寒則心亂。惟分富較均爲得也。

調查　算地篇云「地狹而民衆者。民勝其地。地廣而民少者。地勝其民。民勝其地務開。地勝其民務徠。」開者墾土也。徠者徠民也。民勝其地者。謂民多地少。民多地少者。則以墾土爲急務。地勝其民者。

謂民少地多。民少地多者則以徠民爲要著。墾土與徠民皆爲務農之本，然必先計國內之土地人民。而後定墾土與徠民之策。商君此種施行政策之手腕。後人所當引爲法則。蓋未有不周知國情而可施政者也。然則地之廣狹，民之衆寡。商君究操何術以知之乎。曰先清查境內之民數再權以地方而知之也。所謂清查境內民數者。彼曰。「四境之內。丈夫女子皆有名於上者著。死者削。」（境內）「舉民口數。生者著。死者削。」（去彊）「強國知十三數。境內倉口之數。利民之數。壯男壯女之數。老弱之數。官士之數。以言說取食者之數。馬牛芻藁之數。欲強國不知十三數。地雖利。民雖衆，國愈弱至削，」（去強）所謂以地方權人口者。彼曰。「地方百里者。山陵處什一。藪澤處什一。谿谷流水處什一。都邑蹊道處什一。惡田處什一。良田處什四。以此食作夫五萬。其山陵藪澤谿谷可以給其材。都邑蹊道足以處其民。先王制土分民之律也。」（徠民）由是則民勝其地。或地勝其民。殊易明瞭。商君曰。「凡世主之患。治草萊者不度地。」嗚呼。以一九二五年之中華民國。民地確數如干。均莫之悉。對先民之諄誨。有愧憾矣。

墾土　韓非謂商君「禁游宦之民。而顯耕戰。」（和氏篇）「因末作而利本事。」（姦劫弑臣篇）史記述其「民有二男以上不分異者倍其賦。大小僇力本業耕織。事末作及怠而貧者舉以爲收孥。」（商君列傳）是其經濟思想。傾於農家者流。墾土爲其崇農政策之一。其推行之法。不以農學之知識。教導其民。惟以政府之法令。驅人民使之自墾。是商君之墾土。非教育的而驅策的。商君係法家非農家。亦無怪其然也。其法令之驅策若何。詳細求之。一力求政治簡易。使農民不受官吏之紛擾。壹志於墾土。二戒無益之事。不妨農民墾土之功。三禁人民毋爲墾土以外之事。非墾土即無以得衣食。其力求政治簡易若何。一曰無宿治。二曰壹號令。其不妨農民墾土之功若何。一曰禁建築。二曰禁鬬訟。三曰禁游惰。四曰禁轉徙。其禁人民毋爲墾土以外之事若何。一曰禁糴糶。二曰賤學問。三曰禁逆旅。四曰壹山澤。五曰禁末作。商君之所謂末作。包括商賈而言。其禁之之法有二。一以納稅之法禁之。一以力役之法禁之。其辭盡述於墾令篇。兹舉於左。

「無宿治。則邪官不及爲私利於民。而百官之情不相稽。則農有餘日。邪官不及爲私利於民。則農不敗。農不敗而有餘日。則草必墾矣。訾粟而稅。則上壹而民平。上壹則信。信則臣不敢爲邪。民平則愼。愼則難變。上信而官不敢爲邪。民愼而難變。則下不非上。中不苦官。下不非上。中不苦官。則壯民疾農不變。壯民疾農不變。則少民學之不休。少民學之不休。則草必墾矣。無以外權爵任與官。則民不貴學問。

又不賤農民不貴學則愚。愚則無外交。無外交則國勉農而不偸。民不賤農。則國安不殆。國安不殆。勉農而不偸。則草必墾矣。祿厚而稅多食衆口者。敗農者也。則以其食口之數賤而重使之。則辟淫游惰之民。無所於食。民無所於食。則必農。農則草必墾矣。使商無得糴。農無得糶。農無得糶。則窳惰之農勉疾。商不得糴。則多歲不加樂。多歲不加樂。則飢歲無裕利。無裕利則商怯。商怯則欲農。窳惰之農勉疾。商欲農則草必墾矣。聲服無通於百縣。則民作不顧。休居不聽。則氣不淫。行作不顧。則意必壹。意壹而氣不淫。則草必墾矣。無得取庸。則大夫家長不建繕。愛子不惰食。惰民不窳。而庸民無所於食。是必農。大夫家長不建繕。則農事不傷。愛子惰民不窳。則故田不傷。農事不荒。農民益農。則草必墾矣。廢逆旅。則姦僞躁心私交疑農之民不行。逆旅之民無所於食。則必農。農則草必墾矣。壹山澤。則惡農慢惰倍欲之民。無所於食。無所於食則必農。農則草必墾矣。貴酒肉之價。重其租。令十倍其樸。然則商賈少。農不能喜酣奭。大臣不爲荒飽。商賈少。則上不費粟。民不能善酣奭。則農不慢。大臣不荒。則國事不稽。主無過舉。上不費粟。民不慢農。則草必墾矣。重刑而連其罪。則褊急之民不鬬。狠剛之民不訟。怠惰之民不游。費資之民不作巧諛。惡心之民無變也。五民者。不生於境內。則草必墾矣。使民無得擅徙。則誅愚亂。農民無所於食而必農。愚心躁欲之民壹意。則農民必靜。農靜誅愚。則草必墾矣。均出餘子之使。令以世使之。又高其解舍。概不可以辟役。而大官未可必得也。則餘子不游事人則必農。農則草必墾矣。國之大臣諸大夫博文辨慧游居之事。皆無得爲。無得居游於百縣。則農民無所聞變見方。農民無所聞變見方。則知農無從離其故事。而愚農不知不好學問。愚農不知不好學問。則務疾農。知農不離其故事。則草必墾矣。令軍市無有女子。而命其商令人自給甲兵。使視軍興。又使軍市無得私輸糧者。則姦謀無所於伏。盜輸糧者不私稽。輕惰之民不游軍市。盜糧者無所售。送糧者不私。輕惰之民不游軍市。則農民不淫。國粟不勞。則草必墾矣。百縣之治一形。則從迂者不敢更其制。過而廢者不能匿其舉。過舉不匿。則官無邪人。迂者不飾。代者不更。則官屬少而民不勞。官無邪則民不敖。民不敖則業不敗。官屬少。徵不煩。民不勞。則農多日。農多日。徵不煩。業不敗。則草必墾矣。重關市之賦。則農惡商。商有疑惰之心。農惡商。商疑惰。則草必墾矣。以商之口數使商。令之厮輿徒重者必當名。則農逸而商勞。農逸則良田不荒。商勞則去來賫送之禮。無通於百縣。則農民不飢。行不飾。農民不饑。行不飾。則公作必疾。而私作必荒。則農事必勝。農事必勝。則草必墾矣。令送糧無取僦。無得反庸車牛輿重。設必當名。然則往速徠疾。則業不敗農。業不敗農。則草必墾矣。無得爲罪人請於吏而饟食之。則姦民無主。姦民無主。則爲姦不勉。農民不傷。姦民無樸。則農民不敗。農民不敗。則草必墾矣。」

外此尚有一法。足爲務農之助者。卽貴粟是也。夫利之所在。人爭趨之。蓋常人之情。未有不趨於利者。農者民之所苦。粟者農之所出。粟賤則民無利可圖。粟貴則農有利可獲。苦者民之所避。利者民之所趨。無利可圖。民祇見農之苦。不見農之利。必避苦而惰於農。有利可圖。民祇見農之利。不見農之苦。必趨利而力於農。所以君必貴粟以利農。民始力農以致粟。如是則土必墾矣。故外內篇曰「民之內事。莫苦於農。故輕治不可以使之。奚謂輕治。其農貧而商富。故其食賤者錢重。食賤則農貧。錢重則商富。末事不禁。則巧技之人利。而游食者衆之謂也。故農之用力最苦。而贏利少。不如商賈巧技之人。苟能令商賈巧技之人無繁。則欲國之無富。不可得也。故曰。欲農富其國者。竟內之食必貴。而不農之徵必多。市利之租必重。則民不得無田。無田不得不易其食。食貴則田者利。田者利則事者衆。食貴糴食不利。而又加重徵。則民不得無去其商賈技巧而事地利矣。故民之力盡在於地利矣。」貴粟爲推行墾土之法。商君可謂知之明行之決。惟如何而可以使粟貴。商君又有法以處之。卽藏粟不藏金也。去強篇曰。「金生而粟死。粟死而金生。本物賤事者衆。買者少。農困而姦勸。其兵弱。國必削至亡。金一兩生於竟內。粟十二石死於竟外。粟十二石生於竟內。金一兩死於竟外。國好生金於竟內。金粟兩死。倉府兩虛。國弱。國好生粟於竟內。則金粟兩生。倉府兩實。國強」商君貴粟之法。不以金計富。而以粟易金。增加粟之價值。以粟計富。故不以粟易金。減少粟之儲藏。商君以藏粟爲事而以粟爲稅者也。說民篇云「王者家不積粟。家不積粟者上藏也。」墾令篇云。「訾粟而稅則上壹而民平。」按訾粟而稅。言收稅皆用粟爲訾。不納錢。訾資通。 蓋商君主張以戰至強。重戰事故首重軍食。重軍食故首重儲藏。重藏儲故收稅用粟爲貲。商君之藏粟。以足軍食一面言粟藏於上。則國之富力厚。按日本人民之現金。皆存於政府銀行。即近於此種方法。以勸力農一面言。粟藏於上。則粟之價値高。故藏粟即貴粟之法也。

商君之農業一元生產論已述於上。若云全符事理。則吾儕頗多疑惑。然軼本論範圍。暫付闕如。茲有言者。商君之重農政策。不盡基於經濟上。而政治上亦有可言者。彼曰。「私利塞於外。則民務屬於農。屬於農則樸。樸則畏令。」算地。「民壹則農。農則樸。樸則安居而惡出。故聖人之爲國也。民資藏於地。資於地則樸。樸則重勉。資重則不負而逃。」同上。「故治國者。欲民之農也。國不農則與諸侯爭權。不能自持也。則衆力不足也。故諸侯撓其弱。乘其衰。土地侵削而不振。則無及也。聖人知治國之要。故令民歸心於農。歸心於農。則民樸而可正也。……夫民之不可用也。見言談遊士事君之可尊身也。商賈之可以富家也。技藝之足以餬口也。民見此三者之便且利也。則必避農。避農則民輕其居。輕其居則必不爲上守戰也。」（農戰）又謂「民屬於農則樸。樸則生勞而易力。」（算地）「技藝之士用。則民剽而易徙。」（同上）蓋民樸而耐勞。土著而不輕棄其居。此政治上之良善現象也。若夫漂泊江湖。往適樂土。輻輳都市。現今西士所視爲病入膏肓之危症。而商君早已防及矣。然商君云「農官商三者。國之常食官也。農闢地。商物。官法民。」（強民）「農商官三者。國之常官也。三官者生。……貴人貧商貧農貧三官貧必削。」（去彊）則商君之輕商。非欲掃穴犂庭。鋤而盡之。從可知矣。

徠民　葉適別集進卷曰「爲國之要。在於得民。民多則田墾而稅增。役衆而兵強。是故昔者戰國相傾。莫急於致民。商鞅所以誘三晉之民以實秦地也。」故徠民亦爲商君務農政策之一。商君本欲使全國人民墾土以致富。然關中地方廣闊。又頻年用兵於外。一面務農。一面不能不備戰。於是更定徠民之策。其策若何。利用三晉之土狹民衆。而以有餘之土地招徠之。使三晉之民。盡歸於秦。爲之墾土、秦國之民得一意以備戰。而無衣食不足之憂。商君此策。一舉而兩得。一可致鄰國之弱。一可致己國之富。其言曰。「今秦之地方千里者五。而穀土不能處二。田數不滿百里。其藪澤谿谷名山大川之材物貨寶。又不盡爲用。此人不稱土也。今秦之所鄰者三晉也。彼土狹而民衆。其宅參居而並處。此其土之不足以生其民也。似有過秦民之不足以實其土也。意民之情。其所欲者田宅也。而晉之無有也。信秦之有餘也。必若此而民不西者。秦士戚而民苦也。今利以田宅而復之三世。此必與其所欲。而不使行其所惡也。然則山東之民無不西者矣。」徠民。又曰。「周軍之勝。華軍之勝。秦斬首而東之。東之無益亦明矣。而吏猶以爲大功者。爲其損敵也。今以草茅之地。徠三晉之民。而使之事本。此其損敵也。與戰勝同實。」徠民。此致鄰國之弱也。商君又曰。「王吏之說曰。三晉之所以弱者。其民務樂而復爵輕也。秦之所以強者。其民務苦而復爵重也。今多爵而久復。是釋秦之所以強。而爲三晉之所以弱也。此王吏重爵愛復之說也。而臣竊以爲不然。夫所以爲苦民而強兵者。將以攻敵而成所欲也。今三晉不勝秦四世矣。若此而不服。秦能取其地而不奪其民也。今王發明惠諸侯之士來歸義者。復之三世。無與軍事。則民無不西矣。夫實曠土。出天寶。而百萬事本。其所益多也。豈徒不失其所以攻乎。夫秦之所患者。

興兵而伐則國家貧。安居而農則敵得休息。此王所以不能兩成也。故三世戰勝而敵不服。（舊本服作能。今依文誼改。）今以故秦事敵而使新民作本。兵雖百宿於外。竟內不失須臾之時。此富強兩成之效也。」（同上。）此致己國之富也。商君曰「且周軍之勝。華軍之勝。長平之勝。秦所亡民者幾何。民客之兵不得事本者幾何。臣竊以爲不可數矣。假使王之羣臣有能用之。實此之半。弱晉強秦。若三戰之勝者。王必加大賞焉。今臣之所言。民無一日之繇。官無數錢之費。其弱晉彊秦有過三戰之勝。而王猶以爲不可。則臣愚不能知已。」（徠民）其謂徠民之弱晉強秦有過三戰之勝者。殆已發明經濟侵略烈於武力侵略之義矣。

韓非

傳略　史記曰。「韓非者。韓之諸公子也。喜刑名法術之學。而其歸本於黃老。——非爲人口吃。不能道說。而善著書。與李斯俱事荀卿。斯自以爲不如非。非見韓之削弱。數以書諫韓王。韓王不能用。於是作孤憤五蠹內外儲說林說難十餘萬言。人或傳其書至秦。秦王見孤憤五蠹之書。曰。嗟乎。寡人得見此人與之游。死不恨矣。李斯曰。此韓非之所著書也。秦因急攻韓。韓王始不用非。及急。迺遣非使秦。秦王悅之。未信用。李斯姚賈害之。秦王下吏治非。李斯使人遺非藥自殺。」（韓非傳。）

利己心爲道德之源　荀子論性。謂人之生也。即具有好自利之性。韓非承之。以爲父子君臣之間。莫不各本自利心以計算者也。彼曰。「父母之於子也。產男則相賀。產女則殺之。此俱出父母之懷衽。然男子受賀。女子殺之者。慮其後便。計之長利也。故父母之於子也。猶用計算之心以相待也。而況無父母之澤乎。」（六反）又曰。「王良愛馬。越王勾踐愛人。爲戰與馳。醫善吮人之傷。含人之血。非骨肉之親也。利所加也。故輿人成輿。則欲人之富貴。匠人成棺。則欲人之夭死也。非輿人仁而匠人賊也。人不貴則輿不售。人不死則棺不買。情非憎人也。利在人之死也。」（備內）又曰。「人爲嬰兒也。父母養之簡。子長而怨。子盛壯成人。其供養薄。父母怒而誚之。子父至親也。而或譙或怨者。皆挾相爲而不周於爲己也。夫賣庸而播耕者。主人費家而美食。調布而求易錢者。非愛庸客也。曰如是耕者且深。耨者熟耘也。庸客致力而疾耘耕者。盡巧而正畦陌疇畤者。非愛主人也。曰。如是羹且美。錢布且易云也。此其養功力有父子之澤矣。而心調於用者。皆挾自爲心也。故人行事施與。以利之爲心。則越人易和。以害之爲心。則父子且怨。」（外儲說左上）蓋人情無不以利己爲鵠。如此。

人口論　韓非之論人口頗奇。其言曰。「古者丈夫不耕。草木之實足食也。婦人不織。禽獸之皮足衣也。不事力而養足。人民少而財有餘。故民不爭。是以厚賞不行。重罰不用。而民自治。今人有五子不爲多。子又有五子。大父未死而有二十五孫。是以人民衆而貨財寡。事力勞而供給薄。故民爭。雖倍賞累罰而不免於亂。」(五蠹篇) 案此與西儒馬爾塞斯所謂人口依幾何級數增加。食物依數學級數增加。歷二十五年。人口倍增。而食物所增無幾。卒之人浮於物。而貧乏生。於是爭奪踵起。有若一揆。

重農 韓非謂「富國以農。」(五蠹篇)「家有常業。雖饑不餓。」(飾邪篇)「倉廩之所以實者。耕農之本務也。」(詭使篇)「力作而食。生利之民也。」(六反篇)「上急耕田墾草。以厚民產也。」(顯學篇)「孔墨不耕耨。則國何得焉。」(八說篇)「農夫惰於田者。則國貧也。國貧而不亡者。未之有也。」(外儲說左上篇) 故於生產則主重農。重農則輕工商等業。亦勢有應然。彼曰「不能具美食而勸餓人飯。不能爲活餓者也。不能辟草生粟而勸貸施賞賜。不能爲富民者也。今學者之言也。不務本作而好末事。好道虛聖以說民。此勸飯之說。勸飯之說。明主不受也。」(八說篇)「夫耕之用力也勞。而民爲之者。可以得富也。……今修文學。習言談。則無耕之勞而有富之實。……則人孰不爲也。是以百人事智。而一人用力。事智者衆則法敗。用力者寡則國貧。此世之所以亂也。」(五蠹篇)「夫明主治國之政。使其商工游食之民少而名卑。以寡趣本務。而趨末

作。……是故亂國之俗。……其工商之民。修治苦窳之器。聚弗靡之財。而侔農夫之利。」（同上）「夫吏之稅耕者也。而上之所養學士也。耕者則重稅。學士則多賞。而索民之疾作而少言談。不可得也。」（顯學篇）「磐石千里。不可謂富。石非不大。而不可謂富者。磐不生粟也。今商賈技藝之士。亦不墾而食。是地不墾。與磐石一貫也。」（顯學篇）「正戶貧而寄寓富。耕戰之士困。末作之民利者。可亡也。」（亡徵篇）蓋當時「天下之府庫不盈。囷倉空虛。」「蓄積索。田疇荒。」（初見秦）此韓非重農輕工商文學之大略也。其書中固罕言勸耕之法。今姑舉難二所記二事。「李兌治中山。苦陘令上記而入多。李兌曰。語言辨。聽之說。不度於義。謂之窕言。無山林澤谷之利而入多者。謂之窕貨。君子不聽窕言。不受窕貨。之姑免矣。或曰。……李子之姦弗蚤禁。使至於計。是遂過也。無術以知而入多。入多者穰也。雖倍入將奈何。舉事愼陰陽之和。種樹節四時之適。無早晚之失。寒溫之災。則入多。不以小功妨大務。不以私欲害人事。丈夫盡於耕農。婦人力於織紝。則入多。務於畜養之理。察於土地之宜。六畜遂。五穀殖。則入多。明於權計。審於地形。舟車機械之利。用力少。致功大。則入多。利商市關梁之行。能以所有致所無。客商歸之。外貨留之。儉於財用。節於衣食。宮室器械周於資用。不事玩好。則入多。入多皆人爲也。若天事風雨時。寒溫適。土地不加大而有豐年之功。則入多。人事天功二物者皆入多。非山林澤谷之利也。夫無山林澤谷之利入多。因謂之窕貨者。無術之言也。」韓非所言勸耕之道。雖不甚可考見。玩此。是教耕當課以盡地力之道。或有賴於其他人事技藝之助。

勵勤儉　韓非以爲「明主之治國也。適其時事以致財物。論其稅賦以均貧富。（大抵是主比例稅）厚其爵祿以盡賢能。重其刑罰以禁姦邪。使民以力得富。以事致貴。以過受罪。以功致賞。而不念慈惠之賜。」（六反篇）故曰「今世之學士語治者。多曰與貧窮地以實無資。今夫與人相善也。無豐年旁入之利。而獨以完給者。非力則儉也。無飢饉疾疚禍罪之殃。獨以貧窮者。非侈則惰也。侈而惰者貧。力而儉者富。今人主徵斂於富人以布施與貧家。是奪力儉而與侈惰也。而欲索民疾作而節用。不可得也。」（顯學篇）「今人家之治產也。相忍以飢寒相強以勞苦。雖犯軍旅之難。飢饉之患。温衣美食者。必是家也。相憐以衣食。相惠以佚樂。天飢歲荒。嫁妻賣子者。必是家也。故法之爲道。前苦而長利。仁之爲道。偸樂而後窮。聖人權其輕重。出其大利。故用法之相忍。而棄仁人之相憐也。」（六反篇）「夫有施與貧困則無功者得賞。國有無功得賞者。則民不外務當敵斬首。內不急力田疾作。皆欲行貨財事富貴。爲私養之名譽。以取尊官厚俸。故姦私之臣愈衆。而暴亂之徒愈勝。不亡何待。」（姦劫弒臣篇）頗與近代講自由競爭反對社會主義者之口吻相似。佚惰者貧。力儉者富。是經濟常理。若有他種社會的障礙。此原則即不能包括。譬如生於今日。不問社會組織如何。只謂世界資家悉力儉致富。勞工悉侈惰致貧。未免寃枉。與貧窮地以實無資。大概近於孟子制產授田之說。戰國井田制廢。人民多無田可耕。例如五蠹篇云。大父未死而有二十五孫。不能計口授田。雖力儉亦烏能足食。且於民衆貨寡。力勞供薄兩點。已知經濟的原因變爲政治的原因。自應從物質生產上代籌。不專恃賞罰勸懲。以束縛馳驟。然韓非於人意所不及料之災難。亦主借政力以爲救濟。故曰。「悉租稅。專民力。所以備難充倉府也。」（八姦篇）「徵賦錢粟。以實倉廩。且以救飢饉。備軍旅也。」（顯學篇。按外儲說右篇謂秦昭襄侯不發五苑蔬粟振飢。與此頗有抵觸。）

財政　韓非主張輕役薄斂。亦與人同。曰。「徭役多則民苦。民苦則權勢起。權勢起則復除重。復除重則貴人富。苦民以富貴人。起勢以藉人臣。非天下長利也。故曰徭役少則民安。民安則下無權重。下無權重則權勢滅。權勢滅則德在上矣。」（備內篇）「凡人之好宮室臺榭陂池。事車服器玩好。罷露百姓。煎靡貨財。可亡也。」（亡徵篇）「人主樂美宮室臺池。好飾子女走馬。以娛其心。此人主之殃也。」（八姦篇）然亦不可概論。曰。「今學者皆道書筴之頌語。不察當世之實事。曰。上不愛民。賦斂常重。則用不足。而下怨上。故天下大亂。此以爲足其財用以加愛焉。雖輕刑罰可以爲治也。此言不然矣。凡人之取重賞罰。固足之後。雖財用足而後厚愛之。然而輕刑猶之亂也。夫當家之愛子。財貨足用。財貨足用則輕用。輕用則侈泰。親愛之則不忍。不忍則驕恣。侈泰則家貧。驕恣則行暴。此惟財用足而愛厚輕刑之患也。凡人之生也。財用足則隳於用力。上治懦則肆於爲非。」（六反篇。）是輕斂徒使人民流於侈泰。以致家貧。故政府祇須措施有方。闊綽不甚有妨。彼曰。「不節下而自節者謂之貧。……忠臣盡忠於方公。民士竭力於家。百家精尅於上。侈倍景公。非國之患也。然而說之以節財。非其急者也。」（難三篇。）又曰。「爲人主者。誠明臣之所言。則雖畢弋馳騁。撞鐘舞女。國猶且存也。不明臣之所言。雖節儉勤勞。布衣惡食。國猶自亡也。」（說疑篇。案魏徵羣書治要引尸子發蒙云。家人子姪和。臣妾力。則家富。丈人雖厚衣食。無傷也。子姪不和。臣妾不力。則家貧。丈夫雖薄衣食。無益也。而況於萬乘之君乎。與此相發明。）過儉反爲有害。曰。「孟獻伯相魯。堂下生藿藜。門外長荊棘。食不二味。坐不重席。晉無衣帛之妾。居不粟馬。出不從車。叔向聞之。以告苗賁皇。賁皇非之曰。是出王之爵祿以附下也。一曰。孟獻伯拜上卿。叔向往賀。門有御馬不食禾。向曰。子無二馬二輿何也。獻伯曰。吾觀國人尚有飢色。是不秣馬。斑白者不徒行。故不二輿。向曰。吾始賀子之拜卿。今賀子之儉也。向出語苗賁皇曰。助吾賀獻伯之儉也。苗子曰。何賀也。夫爵祿旂章。所以異功伐。別賢不肖也。故晉國之法。上大夫二輿二乘。中大夫一輿一乘。下大夫專乘。此明等級也。且夫卿必有軍事。是故循車馬比卒乘。以備戎事。有難則以備不虞。平夷則以給朝事。今亂晉國之政。乏不虞之備。以成節。以絜私名。獻伯之儉也。可與。又何賀。」外儲說左篇。亦如孟子見梁惠王。王立於沼上。顧鴻雁麋鹿。曰。賢者亦樂此乎。孟子對曰。賢者而後樂此。不賢者雖有此不樂也。」梁惠王上。荀子曰。「百樂者生於治者也。……故明君者。必將先治其國。然後百樂得其中。」王霸篇。均在勗上圖治。不在逢惡長奢。蓋韓非衷意。人君不能肅刑恤民。卽不足盡肉食之責。而恭儉過甚。亦非促勵愛民治國之道。

結論

晚周之際。爲法家言者。不但坐論。且能起行。其最有獻替於經濟思想者。要推管商。惟旨亦不一。夷考厥故。淮南要略曾論之曰。「齊桓公之時。天子卑弱。諸侯力征。南夷北狄。交伐中國。中國之不絕如綫。

齊國之地。東負海而北障河。地狹田少而民多智巧。桓公憂中國之患。苦夷狄之亂。欲以存亡繼絕，崇天子之位。廣文武之業。故管子之書生焉。秦國之俗。貪狠強力。寡義而趨利。可威以刑而不可化以善。可勸以賞而不可厲以名。被險而帶河。四塞以爲固。地利刑便。畜積殷富。孝公欲以虎狼之勢而吞諸侯。故商鞅之法生焉。」（論諸子學說所由生）此蓋兩人所處時地不同。故道術各殊。按法家思想在當時已著富強之效。雖未至善。要有足取。惟儒家甚不謂然。大學曰「仁者以財發身。不仁者以身發財。未有上好仁而下不好義者也。未有好義。其事不終者也。未有府庫財。非其財者也。孟獻子曰。畜馬乘。不察於雞豚。伐冰之家。不畜牛羊。百乘之家。不畜聚斂之臣。與其有聚斂之臣。寧有盜臣。此謂國不以利爲利。以義爲利也。長國家而務財用者。必自小人始矣。彼爲善之。小人之使爲國家。菑害並至。雖有善者。亦無如之何矣。此謂國不以利爲利。以義爲利也。」（傳十章）孟軻曰「故善戰者服上刑。連諸侯者次之。辟草萊任土地者次之。」（孟子離婁上）「今之事君者曰。我能爲君辟土地。充府庫。今之所謂良臣。古之所謂民賊也。」（告子下）此亦不爲言之無理。夫今日之帝國主義。暴戾恣睢。無所不至。爲禍人類。遠勝洪水猛獸。其原皆由政府尊尚聚斂家。行其千百倍工巧之辟草萊任土地。有以致之。他如生於孟氏後之秦皇漢武。當野心方侈。亦必因供億繁苛。四海嗟怨。不得不掃輿而罷。當日帝國主義之未成熟。皆與經濟絕緣之故。故孔孟之言。雖似朽腐。實乃神奇也。

第七章　晚周思想補遺

緒論

春秋戰國間。學派繁茁。秦漢而後。或概括稱爲百家。或從學說內容分析區爲六家爲九流。其實自樹壁壘卓然可觀者。道儒墨法四家而已。其餘異軍特起。略可就其偏近之處附庸四家。余於先秦諸子經濟思想。已擇四家之有書并可信者論列矣。惟古人爲書。傳寫不易。又經秦火之後。亡失甚多。誠如歐陽修所謂「有其名而無其書者。十蓋五六。」(新唐書藝文志)馬端臨所謂「漢志所載之書。以隋志考之。十已亡其六七。」(文獻通考經籍考)故古人之書。其存於今日者。爲數已少。存而信者。爲數又少。古人稱「惠施多方。其書五車。」於今惠施之學。僅孝百餘字於莊子天下篇而已。是知先秦諸子之書。使其全數存在。必十百倍於吾人所有。然諸子「書缺有間矣。其佚乃時時見於他說。」所表皆不虛。則旁搜博索。固好學深思者之責。玆就諸書所載。取其有經濟思想上之價値者。爲補遺如下。

李悝　漢書稱「李悝爲魏文侯作盡地力之教。以爲地方百里。提封九萬頃。除山澤邑居參分去一。當田六百萬畝。治田勤謹。則畝益三升。不勤則損亦如之。地方百里之增減。輒爲粟百八十萬石矣。又曰。糴甚貴傷民。甚賤傷農。民傷則離散。農傷則國貧。故甚貴與甚賤。其傷一也。善爲國者。使民無傷而農益勸。今一夫挾五口。治田百畝。歲收畝一石半。爲粟百五十石。除十一之稅十五石。餘百三十五石。食人月一石半。五人終歲爲粟九十石。餘有四十五石。石三十。爲錢千三百五十。除社閭嘗新春秋之祠用錢三百。餘千五十。衣人率用錢三百。五人終歲用千五百。不足四百五十。不幸疾病死喪之費及上賦斂。又未與此。此農夫所以常困有不勸耕之心。而令糴至於甚貴者也。是故善平糴者。必謹觀歲有上中下孰。上孰其收自四。餘四百石。中孰自三。餘三百石。下孰倍。餘百石。小饑則收百石。中饑七十石。大饑三十石。故大孰則上糴三而舍一。中孰則糴二。下孰則糴一。使民適足。賈平則止。小饑則發小孰之所斂。中饑則發中孰之所斂。大饑則發大孰之所斂。而糶之。故雖遇饑饉水旱。糴不貴而民不散。取有餘以補不足也。行之魏國。國以富強。」（食貨志）此爲我國經濟學史上始用科學的精密計算方法以談經濟政策者也。其學說之要點有二。一曰盡地力。所以獎勵私人生產也。二曰平糴。所以行社會政策。用政府之力。以劑私人之平也。當時主要經濟惟農業。故所規畫亦限於此。

子貢　史記稱「子貢衛人。好廢舉。與時轉貨貲。常相魯衛。家累千金。卒終於齊。」仲尼弟子傳。又稱「子貢既學於仲尼。退而仕於衛。廢著鬻財於曹衛之間。七十子之徒。賜最為饒益。原憲不厭糟糠。匿於窮巷。子貢結駟連騎。束帛之幣。以聘享諸侯。所至國君。無不分庭與之抗禮。夫使孔子名揚天下者。子貢先後之也。此所謂得勢而益彰者乎。」貨殖傳。「孔子弟子三千焉。身通六藝者七十有二人。皆異能之士也。」史記孔子世家。然於計學甚有心得者。要以子貢為祭酒。嘗問於孔子曰「有美玉於斯。韞櫝而藏諸。求善價而沽諸。」論語子罕篇。此足見其言不離行。故貨殖億則屢中。論語先進篇。非偶然也。

范蠡計然　史記稱「昔者越王勾踐困於會稽之上。乃用范蠡計然。夢按。清馬國翰玉函山房輯佚中刊有范子計然書。計然曰。知鬬則修備。時用則知物。二者形則萬貨之情可得而觀矣。故歲在金穰。水毀。木饑。火旱。旱則資舟。水則資車。物之理也。十二歲一大饑。夢按。西儒詹朋司等謂歲之豐歉。源於太陽熱度之增減。太陽每約十年黑點增而熱度減。故其結果每十年而歲卽不登。頗足證此。夫糶二十病農。九十病末。末病則財不出。農病則草不辟矣。上不過八十。下不過三十。則農末俱利。平糶齊物。關市不乏。治國之道也。積著之理。務完物。無息幣。商品經濟時代。貨幣之職分。卽為計量價值之尺度。故商品之所要求者。厥為貨幣。

〔然商品之所以能貨幣化者·必因其所具之使用價值甚大·人皆視爲有用之物·而後肯出貨幣以相易·若單就客觀方面言之·則是商品愈精良·卽愈足以誘起貨幣之流動·於以知貨幣流轉之動機·其最簡單之原因·不外商品之優美·故欲貨幣不停滯·當從極力擴大商品之使用價值入手·商品與貨幣·其活動上有密切之關係·知其一不知其二·皆未足以語斯二者·所謂務完物無息幣二語·其殆有見及此乎·〕以物相貿易。腐敗而食之貨勿留。無敢居貴。論其有餘不足。則知貴賤。貴上極則反賤。賤下極則反貴。貴出如糞土。賤取如珠玉。財幣欲其行如流水。修之十年。國富厚賂戰士。士赴矢石。如渴得飲。遂報彊吳。觀兵中國。號稱五霸。范蠡既雪會稽之恥。乃喟然而嘆曰。計然之策七。越用其五而得意。既已施於國。吾欲用之家。乃乘扁舟浮於江湖。變名易姓。適齊爲鴟夷子皮。之陶爲朱公。朱公以爲陶天下之中。諸侯四通。貨物所交易也。乃治產積居。與時逐而不責於人。故善治生者。能擇人而任時。十九年之中。三致千金。再分散與貧交疏昆弟。此所謂富好行其德者也。後年衰老而聽子孫。子孫修業而息之。遂至巨萬。故言富者皆稱陶朱公。」〔貨殖傳〕又稱「范蠡事越王勾踐。既苦身戮力。與勾踐深謀二十餘年。竟滅吳。報會稽之恥。北渡兵於淮。以臨齊晉。號令中國。以尊周室。勾踐以霸。而范蠡稱上將軍。還反國。范蠡以大名之下。難以久居。乃裝其輕寶珠玉。自與其私徒屬。乘舟浮海以行。出齊。變姓名。自謂鴟夷子皮。耕於海畔。苦身戮力。父子治產。居無幾何。致產數千萬。齊人聞其賢。以爲相。范蠡喟然嘆曰。

居家則致千金。居官則至卿相。此布衣之極也。久受尊名。不祥。乃歸相印。盡散其財。以分與知友鄉黨。而懷其重寶。閒行以去。止於陶。以爲此天下之中。交易有無之路通。爲生可以致富矣。於是自謂陶朱公。復約要。父子耕畜。廢居。候時轉物。逐什一之利。居無何。則致貲累巨萬。天下稱陶朱公。」越王勾踐世家，范蠡計然深悉公私經濟原理。故卒能致家給國富。均經濟界之鉅子也。

許行　孟子稱「有爲神農之言者許行。夢按，爲訓治，陸稼書四書大全謂爲僞也，石含章四書益智錄謂爲非也，均荒謬之至。自楚之滕。踵門而告文公曰。遠方之人。聞君行仁政。願受一廛而爲氓。文公與之處。其徒數十人。皆衣褐。捆屨織席以爲食。陳良之徒陳相。見許行而大悅。盡棄其學而學焉。陳相見孟子。道許行之言曰。滕君則誠賢君也。雖然。未聞道也。賢者與民幷耕而食。饔飧而治。●趙岐注言許子以爲古賢君與民幷耕而各自食其力，當自具食，兼治民事，按此卽黃宗羲明夷待訪錄原君篇所謂有人者出，不以一己之利爲利，而使天下受其利，不以一己之害爲害，而使天下釋其害，此其人之勤勞必千萬於天下之人，而韓非子說疑篇謂燕君子噲親操耒耨，以修畎畝，實爲實行幷耕主義之人物，今也滕有倉廩府庫。則是厲民而以自養也。惡得賢。」夢按，史記秦記戎王使由余於秦，秦穆公示以宮室積聚，由余曰，使鬼爲之，則勞神矣，使人爲之，亦苦民矣，足爲此註脚，又曰。「百工之事。固不可耕且爲也。」又曰。「從許子之道。則市價不貳。國中無僞。雖使五尺之童適市。莫之或欺。布帛長短同。則賈相若。蔴縷絲絮輕重同。則賈相若。五穀多寡同。則賈相若。屨大小同。則賈相若。」（蓋其意以勞力爲物賈之根本。而資料則爲公有。又專求實用而無取乎紛華靡麗之觀。以辨上下而別等差。故物賈以數量相準。而不問其精粗也。）

蘷按許子之說。蓋演墨學之餘緒。司馬談論六家要旨曰。墨者送死。桐棺三寸。舉音不盡其哀。教喪禮必以此爲萬民之率。使天下法若此。則尊卑無別也。故許子因行衣食平等。荀子王霸篇曰。墨子大有天下。小有一國。必自爲之然後可。則勞苦耗顇莫甚焉。如是則雖臧獲不肯與天子易埶業。又非十二子篇曰。墨子不知壹天下建國家之權稱。上功用大儉約而僈差等。曾不足以容辨異。縣君臣。又富國篇曰。墨子大有天下。小有一國。將少人徒。省官職。上功勞苦。與百姓均事業齊功勞。故許子因創幷耕主義。墨子公孟篇曰。知者必量其力所能至而從事焉。又節葬下篇曰。疾從事焉。人爲其所能以交相利。故許子因主工耕分業。荀子天論篇曰。墨子有見於齊無見於畸。故許行因創齊賈學說。至墨者裘褐爲衣。（莊子天下篇。）不苟昭人食。（詳耕柱孫校。）而許行之徒數十人。皆衣褐捆屨織席以爲食。則尤彰著者也。

陳仲　孟子稱「仲子齊之世家也。兄戴蓋祿萬鍾。以兄之祿爲不義之祿而不食也。以兄之室爲不義之室而不居也。避兄離母。處於於陵。居於陵。三日不食。耳無聞。目無見也。井上有李。螬食實者過半矣。匍匐往將食之。三咽。然後耳有聞。目有見。仲子所居之室。所食之粟。彼身織屨妻辟纑以易之。（滕文公下）

仲子之行。似係受道家之影響。彼與齊王同姓。實當時一烜赫之貴族。而其生活如此。頗與近哲託爾斯泰相似。彼蓋將物質生活尅減至最低限度以求有所養也。其生活方式與楊朱一派正相反。然其爲極端的個人主義則一也。故荀子非之曰「夫富貴者則類傲之。夫貧賤者則求柔之。是非仁人之情也。」（不苟篇。）又曰「忍情性。綦谿利跂。苟以分異人爲高。不足以合大衆。明大分。」（非十二子篇。）言其非社會的生活。不足以合羣也。

白圭　史記稱「白圭周人也。當魏文侯時。白圭樂觀時變。故人棄我取。人取我與。夫歲熟。取穀。予之絲漆。繭。凶。（按凶字原作出。今依程一枝說改正。）取帛絮。與之食。太陰在卯。穰。明歲衰惡。至午。旱。明歲美。至酉。穰。明歲衰惡。至子大旱。明歲美。有水。至卯。積著率歲倍。欲長錢。取下穀。（按奢侈消費者。社會之富豪階級也。普通消費者。社會之中下流人也。社會之富豪少。而中下流多。而奢侈品伸縮力甚大。普通品則否。故逐利以經營中下流人物消費最多之日用必需品爲宜。觀美國之煤油鋼鐵。中國之煙捲糖業。營業特盛。思過半矣。）長石斗。取上種。（夢按．農作種子。恆因氣候土壤及選擇方法之異宜。致收量品質顯判優劣。白非選別適宜。無以發揮各項種子固有之生產能力。白圭之欲取上種。以長石斗。此也。）能薄飲食。忍嗜欲。節衣服。與用事僮僕同苦樂。趨時若猛獸鷙鳥之發。故曰。吾治生產。猶伊尹呂尚之謀。孫吳用兵。商鞅行法。是也。是故其智不足與權變。勇不足以決斷。仁不足以取予。彊不能有所守。雖欲學吾術。終不告之

矣。蓋天下言治生祖白圭。白圭其有所試矣。能試有所長。非苟而已也。」貨殖傳

宋銒尹文　莊子天下篇曰。「不累於俗。不飾於物。不苟於人。不忮於衆。願天下之安寧。以活民命。人我之養。畢足而止。以此白心。古之道術有在於是者。宋銒尹文聞其風而悅之。作爲華山之冠以自表。接萬物以別宥爲始。雖然。其爲人太多。其自爲太少。曰。請欲固置五升之飯足矣。先生恐不得飽。弟子雖饑。不忘天下。不以身假物。以爲無益於天下者。明之不如己也。以禁攻寢兵爲外。以情欲寡淺爲內。」觀此則兩人學風及其人格的活動殆全與墨子同。「非攻寢兵」「雖饑不忘天下」此其最顯著矣。尹文子曰。「名定則物不競。分明則私不行。物不競非無心。由名定故無所措其心。私不行非無欲。由分明故無所措其欲。然則心欲人人有之。而得同於無欲者。制之有道也。」又曰。「窮獨貧賤。治世之所共矜。亂世之所共侮。治世非爲矜窮獨貧賤而治是治之一事也。亂世亦非爲侮窮獨貧賤而亂。亦是亂之一事也。每事治則無亂。亂則無治。視夏商之盛。夏商之衰。則其驗也。貧賤望富貴甚微。而富貴不能酬其甚微之望。夫富者之所惡。貧者之所美。貴者之所輕。賤者之所榮。然而弗酬。弗與同苦樂故也。」此雖亦論名理。不無與經濟思想有關。

宋鈃之特別功績。則其能使墨家學說得有主觀的新生命。荀子嘗記其言曰。「子宋子曰。人之情欲寡。而皆以己之情爲欲多。是過也。故悉其羣徒。辨其談說。明其辟稱。使人知情之欲寡也。」（正名篇）墨家教人以自苦爲極。是純以義務觀念相繩而已。宋子則以爲人之欲本不欲多得而欲寡得。然則「五升之飯不得飽。」適如我所欲。非苦也而樂矣。此以理性的解剖。改變人之心理作用。使其安於「人我之養畢足而止」也。莊子稱之曰。「語心之容。命之曰心之行。」謂其專就人之心理狀態立論。而一切實踐道德皆指爲內心所表現之行爲也。蓋墨家唯物論色彩太重。宋子宗其說而加惟心論的修正。墨家以社會吞滅個性。宋子則將被吞之個性。從新提挈出來作社會基礎。故天下篇以彼爲崛起於墨翟禽滑釐之外而別樹一宗也。

彭蒙田駢愼到　莊子天下篇曰。「公而不黨。易而無私。決然無主。趣物而不兩。不顧於慮。不謀於知。於物無擇。與之俱往。古之道術有在於是者。彭蒙田駢愼到聞其風而悅之。」是三子學在一派。彭蒙無書。漢志有田二十五篇。愼四十二篇。今多佚。茲述其殘存之有關經濟思想者。彭蒙曰。「雉兎在野。衆人逐之。分未定也。雞豕滿市。莫有志者。分定故也。物奢則仁智相屈。分定則貪鄙不爭。」（見尹文子引）愼到曰。「道行於世。則貧賤者不怨。富貴者不驕。定於分也。法行於世。則貧賤者不敢怨富貴。富貴者不敢陵貧賤。此法之不及道也。」又曰。「奢者富不足。儉者貧有餘。奢者心常貧。儉者心常富。奢者好動。儉者好靜。奢者好難。儉者好易。奢者好繁。儉者好簡。奢者好驕淫。儉者好恬澹。」又曰。「夫錦繢紛華。所服不過溫體。三牲大牢。所食不過充腹。知以身取節者。則知足矣。苟知足。則不累其志矣。」又曰。「環淵問曰。天有四殃。水旱飢荒。其至無時。何以補之。慎子曰。士多民少。非其士也。士少人多。非其人也。是故士多發政以漕四方。四方流之。士少安帑而外務輸。山林非時不升斤斧。以成草木之長。川澤非時不入網罟。以成魚鼈之長。不麛不卵。以成鳥獸之長。凡土地之間者。皆可裁之以爲民利。是魚鼈歸其泉。鳥歸其林。孤寡辛苦咸賴其生。山以遂其材。工匠以爲其器。百物以平其利。商賈以通其貨。工不失其務。農不失其時。是謂和德。夏箴曰。小人無兼年之食。遇天飢。妻子非其有也。大夫無兼年之食。遇天饑。臣妾與馬非其有也。戒之哉。」

尸佼　漢志云尸子有書二十篇。蚤佚。今據他書所引述其有關經濟思想者。尸子曰。「人之言君天下者。瑤臺九累。而堯白屋。黼衣九種。而堯大布。宮中三市。而堯鶉居。珍羞百種。而堯糲飯菜粥。騏驎青龍。而堯素車玄駒。」（御覽八十引）「昔者桀紂縱欲長樂。以苦百姓。珍怪遠味。必南海之葷。北海之鹽。西海之菁。東海之鯨。此其禍天下亦厚矣。」（御覽八十二引）「舜兼愛百姓。務利天下。其田歷山也。荷彼耒耜。耕彼南畝。與四海俱有其利。其漁雷澤也。旱則爲耕者鑿瀆。險則爲獵者表虎。故有光若日月。天下歸之若父母。」（御覽八十一引）「夫知衆類。知我則知人矣。天雪雨。楚莊王披裘當戶曰。我猶寒。彼百姓賓客甚矣。乃遣使巡國中。求百姓賓客之無居宿餱糧者賑之。國人大悅。」（御覽三十四引）「伯夷叔齊。飢死首陽。無地故也。桀放於歷山。紂殺於鄗宮。無道故也。有道無地則餓。有地無道則亡。」（御覽八十二引）「堯庚舜墨。禹脛不生毛。文王至日昃不暇飲食。故富有天下。貴爲天子矣。」（御覽七十七引）

結論

以上諸家。或著作已亡。或本無著作。歐陽修有言。「其見於書者。吾亦不敢沒。」（五代史一行傳）余取此意。採集諸書所載。敍列如上。班固曰。「九家之術。蠭出幷作。其言雖殊。譬猶水火。相滅亦相生也。仁之與義。敬之與和。相反而皆相成也。」（漢書藝文志）學者之性質不同。嗜好不等。隨取一家而研究之。皆足以成學。此章所錄。雖皆片言隻語。不足以見其全體。然無論其爲道爲儒爲墨爲法。「皆務爲治者也。」（史記自敘）

謂。

「道之眞以治身。其緒餘以爲國家。其土苴以治天下。」莊子讓王篇。所謂治者即包括治身治國治天下而言。余嘗謂先秦經濟思想爲有體有用者。其故在此。余論列四家思想於前。又爲補遺於後。或舉柳宗元語以譏之曰。「其爲好術也過矣。」辨鬼谷子。余亦何敢辭。